共謀罪の何が問題か

髙山 佳奈子

岩波ブックレット No. 966

はじめに

政府は二〇一七年三月二一日に、「組織的な犯罪の処罰及び犯罪収益の規制等に関する法律等の一部を改正する法律案」を閣議決定し、国会に提出しました。この法案は、過去に三回国会に提出され、いずれも廃案となった、いわゆる「共謀罪法案」と実質的に同じ内容で、六〇〇以上あった対象犯罪を二七七(衆議院事務局資料では三一六)に減らしたところだけが違います。

政府は当初、この法案を「テロ等準備罪」を処罰するものだと呼び、安倍晋三首相は、二〇二〇年の東京オリンピック・パラリンピック開催のために可決・成立させることが必要だと述べていました。しかし、法案の中には、テロに照準を合わせた条文はただの一つも含まれていません。それもそのはず、元の共謀罪法案は、オリンピック招致ではなく、国連国際組織犯罪防止条約(越境犯罪防止条約、TOC条約、パレルモ条約とも呼ばれます)への日本の参加を目的に作られたものだったからです。この条約は、テロではなくマフィア対策のための条約です。テロ対策の諸条約は全く別の体系のものとして作られており、日本はすでに国内立法を完備してそのすべてを締結し終わっているのです。

このように、ウソの看板を掲げて国民をあざむき、約三〇〇もの処罰類型を一気に創設しようとする理由は何でしょうか。政府に批判的な運動を弾圧するため、捜査権限を拡大して市民の権利や自由を制約するため、また、米国に大量の個人情報を融通するため、といったことが、それぞれ相当の根拠をもって指摘されています。市民の中には、「テロの計画を取り締まることは必要だから、法案に反対するのはテロリストだけだ」という人もいます。しかし、それは誤解です。

　この法案の内容はテロ対策を含んでいません。また、すでに現行法の下でも多くの冤罪事件があり、政治的に何の主張もしていない人々でも重大な人権の制約を受けています。最近ニュースになった冤罪事件だけでも、思い起こしてみてください。運が悪かっただけで対象になってしまった人が何と多いことでしょう。もしこの法案が通れば、あなたもそのような目に遭う確率が格段に上がります。そのことを多くの方に知っていただくために、このブックレットを出版することにしました。

第一章　共謀罪と日本法の違い

英米法における共謀罪

「共謀罪」(conspiracy、コンスピラシー)とは、もともと日本法の中にはなかった概念で、複数の者で犯罪を共謀(犯罪の計画について合意)すること自体が独立の罪とされるものです。英米法の伝統を持つ国々で用いられてきました。

アメリカの共謀罪で日本人が摘発された具体的な例として、いわゆるロス疑惑事件があります。この事件は、日本の会社社長であった三浦和義氏が、カリフォルニア州ロサンゼルスで共犯者に妻を銃撃させ、その後死亡させた疑いにより、まず日本において殺人罪で訴追されたものです。事件はアメリカで起こったものですが、被害者も容疑者も日本人ですから、日本で裁判することができます。三浦氏は、証拠がないとして、日本の最高裁判所で無罪の確定判断を受けました。ところが、三浦氏は、その約五年後に米国に入国した際に逮捕され、留置場で首を吊って死亡しているのが発見されました。このとき逮捕の理由とされた事実が、殺人の共謀罪だったのです。

有罪か無罪かは国ごとに裁判所が判断するものですので、日本の最高裁が無罪と言っていても、国際法上、米国の司法機関がそれに拘束されるわけではありません。しかし、日本の刑事手続は長い年月をかけてようやく終結したものであり、しかも、最高裁が確定判断を下しているのですから、アメリカとしてはまずこれを慎重に受け取るべきであるように見えます。それにもかかわらず、いとも簡単に三浦氏が再逮捕されてしまったのはなぜでしょうか。理由の一つは、アメリカにおいて、共謀罪が、殺人罪からは独立した犯罪類型だと考えられているためです。

このような考え方は、私たち日本人には奇異な感じを与えます。殺人罪で無罪となったのに、同じ事件について共謀罪でもう一度訴追されるというのは、変ではないでしょうか。こうした違いは、日本の刑法が、英米法ではなく、ヨーロッパ大陸法の伝統に属していて、アメリカ法とはかなり異なる処罰制度を設けていることから生じます。たとえば、日本では、再審のような特別の場合でない限り、最高裁で扱われた事件はそこで決着していると考えるのが、司法の権威と責任を信頼することになります。ところが、イギリスやアメリカでは、検察側と弁護側が裁判ゲームのプレイヤーであり、裁判所には審判員の役割しかありません。どのような範囲で決着するかについて、裁判所には決める権限も責任もないのです。そのため、プレイヤーたちが扱っていなかった争点は、後でいくらでも新しい裁判の対象にできます。たとえ殺人罪が「証拠なし」の結論になっていたとしても、共謀罪の裁判を新しく始めることができます。

このことは、大陸ヨーロッパ諸国の人々や日本人にとっては、相当に違和感のある内容です。そのために、国際条約の起草などでは、裁判のやり直しができる範囲をめぐって、しばしば論争が起きています。

英米法における共謀罪では、「顕示行為(overt act)」と呼ばれる行為が処罰の要件とされている場合もあります。この行為は、共謀が単なる空想ではなくて現実の計画であることを示すような、いわば「氷山の一角」と見られる行為です。それ自体が人身や財産に対する危険を含んでいることは必要ありません。

英米法の伝統を持つ国の多くでは、陪審制や一般的な司法取引も採用されているところが、日本と違います。陪審制では、一二人の市民だけで事実認定をしなければならないため、客観的な証拠が相当程度集められていないと、共謀罪の認定もできません。そこで、共謀罪による訴追が行われているのは、ロス疑惑事件にも見られるように、実際には被害の出るところまで進んでしまった事件についてであることが多い、との指摘もあります。その一方で、共謀の事実を明らかにするには、参加者による報告が有効である場合が多いため、共謀罪の処罰は司法取引の制度と組み合わせられている国が多いのです。つまり、誰かが共謀の事実を申し出れば、その者は免責されたり罪が軽くなったりする余地があります。通信傍受だけでなく、諜報機関による秘密捜査官やスパイの投入が認められている国もあります。

日本法の既遂・未遂・予備の罪

さて、それでは、共謀罪処罰制度を持たない私たちの法体系はどうなっているでしょうか。こちらはとてもわかりやすく合理的です。犯罪の処罰は、殺人既遂罪のように、既遂を重く処罰する形が原則です。そして、重大な犯罪について、未遂も処罰することが個別に定められています。たとえば、殺人罪は未遂も処罰されますが、横領罪(他人の財産を着服する罪)には未遂を処罰する規定がありません。既遂だけでなく未遂も処罰する理由は、実際に被害が発生する前に、時間的にさかのぼって国家権力の介入を認め、生命などの重要な利益を保護するためです。

　被害を防止するための未遂処罰ですから、日本の最高裁判所も、戦前の最高裁にあたる大審院も、処罰を被害防止のために必要な場合だけに限定してきました。放っておいても被害の生じない場合には未遂犯の成立を否定してきたのです。たとえば、大審院は、被告人が被害者に「硫《い》黄《おう》」を飲ませて殺害しようとした事件で、硫黄はたくさん摂取しても人が死なないので、殺人未遂にはならないとしました。最高裁は、被告人が被害者に空気を注射して殺害しようとした事件で、空気はたくさん注射すると体調などの状況いかんで死亡を引き起こす可能性があることを理由に、殺人未遂が成立するとしました。このように、日本の最上級の裁判所は、危険性を科学的に判断して未遂の処罰範囲を決めています。諸外国の中には、被告人が殺意を持っていたかどうかで未遂の処罰を判断しているところもあり、そのような国では、「硫黄で人が殺せる」と思った場合にも殺人未遂が成立しうることになります。日本の裁判所の判例の特徴は、危険性を科学的に判断するところにあります。

　一部の犯罪類型には、予備罪の処罰も設けられています。予備罪は、既遂を実現する目的をもって、一定の準備行為を行うことで成立します。日本法では、予備行為も、科学的な危険性を含んでいなければなりませんので、今の例でいうと、人を殺す目的で硫黄を入手しても、殺人予備罪にはならないのです。

　かつては、予備行為が、殺人罪、放火罪、強盗罪、通貨偽造罪などの少数の類型についてしか処罰対象になっていませんでした。内乱罪・外患罪・私戦罪については予備罪と陰謀罪が設けられていました。しかし、現在では、刑法典の中にも凶器準備集合罪や磁気カード偽造の準備罪があるほか、多くの他の法律で、七〇を超える類型の予備・陰謀罪、準備罪、せん動（あおり）罪の処罰が規定されるようになっています。この部分は、諸外国と比べて、日本が広い処罰範囲を持っているところです。「軽犯罪法」という法律では「他人の身体に対して害を加えることを共謀した者の誰かがその共謀に係る行為の予備行為をした場合における共謀者」も処罰対象とされています。

これらとは別に、ごく最近の最高裁判所の判例の中には、一定の犯罪類型の「既遂」処罰の中に、他の犯罪の「予備」にあたる行為の処罰を実質的に含めていると見られるものが目立ってきました。具体的には、違法目的で何かを入手すれば「詐欺罪」、どこかに行けば「建造物侵入罪」の成立が肯定される傾向があるのです。たとえば、自分の名前で銀行口座を開設し、これを他人に譲渡して振り込め詐欺を行わせるという目的で、自分自身の口座を開いた場合、預金通帳とキャッシュカードを銀行からだまし取ったという理由で、詐欺既遂罪になるとされています。自分の名義で購入して料金を支払った航空券の搭乗券を、身代わりの他人に使わせる目的で、航空会社から受け取った行為も、搭乗券をだまし取ったという理由で詐欺罪です。暴力団関係者が、自分はそうではないと偽って、暴力団関係者お断りのゴルフ場を利用した場合には、料金を支払っていても、勝手にゴルフ場を使ったという理由で、やはり詐欺既遂罪になるとされます。また、もともと、「軽犯罪法」では、「入ることを禁じた場所又は他人の田畑に正当な理由がなくて入つた者」を処罰しているのですが、最近の判例は、公衆の立入りが可能な場所についても建造物侵入罪を適用しています。たとえば、銀行のＡＴＭコーナーに、他人の暗証番号を盗撮する目的で立ち入った行為が処罰対象になっています。

私は個人的に、最近の最高裁が詐欺罪や建造物侵入罪をここまで広く適用していることには反対なのですが、しかし、すでに、違法目的による「金品の入手」や「下見」などの準備行為の多くが、現行法の下でも判例によって処罰対象だと考えられているのは事実です。実は、これらの行為は、共謀罪における「顕示行為」とかなりの程度重なっていることがおわかりいただけると思います。

日本法の危険犯処罰

予備罪の処罰は、未遂よりもさらに時間的にさかのぼった段階について規定されるものですが、日本法にはこのほかに、「抽象的危険犯」と呼ばれる広範な処罰領域があります。たとえば、道路交通法上の速度違反の罪は、事故を起こさなくても、また、周りに誰もいなくても、成立します。通常のスピード違反は、刑罰ではない反則金納付命令や免許停止といった、行政法上の処分だけで決着しますが、行為としては犯罪の定義に含まれています。「抽象的危険犯」とは、人の生命や身体、財産といった利益に対する具体的な危険を発生させなくても、抽象的に危険だといえる行為をなしただけで処罰の対象とされる犯罪類型です。

具体的な危険のない場合ですので、諸外国の中には、こうした行為のほとんどを、犯罪とせずに、反則金（過料）のような行政的制裁の対象にすぎないものとしているところもあります。しかし、日本では、行政的な制裁は、交通違反の反則金や、独占禁止法の課徴金、税法における加算税などの、限られた領域においてしか活用されていません。他の多くの違法行為は、社会に対して軽微な害しかもたらさないものでも、犯罪として定義されています。たとえば、「軽犯罪法」には、こじきの罪や立ち小便の罪、公衆に対して著しく粗野もしくは乱暴な言動で迷惑をかける罪などが規定されています。

本書の文脈で重要なのは、この「抽象的危険犯」の類型が、危険な物や手段を準備する行為を網羅的に処罰していることです。すなわち、人の生命・身体に危険を及ぼしうる物の取扱いは、爆発物取締罰則、化学兵器禁止法、細菌・毒素兵器禁止法、サリン法、毒物劇物取締法、銃刀法などの法律で処罰されています。サイバー攻撃の手段を対象とするウイルス作成罪、電磁的記録不正作出未遂罪、電子計算機損壊等業務妨害未遂罪や、財産を保護する目的の、ピッキング防止法による処罰などもあります。そして、新たな危険物や危険手段が出てきた場合には、その都度、対応する法律や政令の範囲を広げて処罰範囲が広げられてきました。たとえば、最近新しく処罰対象になったものとして、危険ドラッグや、ドローン(無人飛行機)の取扱いがあります。特定秘密保護法違反の罪も、他の犯罪の準備段階にあたる行為を相当広く処罰するものだといえます。また、日本で独自に発達してきた犯罪類型である「業務妨害罪」は、判例によれば「抽象的危険犯」だとされており、実害が生じなかった場合でも、妨害行為それ自体の実行で既遂になるとして広く適用されています。

もっとも、最高裁判所は、「抽象的危険犯」についても、科学的な危険性が処罰根拠であるという理解を一貫させています。それによれば、危険犯を処罰できる範囲は、保護されるべき利益「を損なうおそれが、観念的なものにとどまらず、現実的に起こり得るものとして実質的に認められるもの」のみに限られるとされ、これに該当しなかったいくつかの事案において、無罪の判断が下されています。

日本法の共犯処罰

ここまでは、被害がまだ発生していないときにも処罰を認める犯罪類型を説明してきました。このほかに、共謀罪には、複数人が犯罪を計画するという、共犯の側面もあります。実は、日本には、「共謀共同正犯」という、共謀罪とよく似た処罰類型があります。これは、刑法の条文には「共同正犯」としてしか書かれていないのですが、明治時代からの判例によって、その一部を構成する類型として処罰されてきました。

先ほど述べた「共謀罪」は、複数の人が犯罪を実行する計画を立てたことで成立し、その計画を実行に移すための「氷山の一角」となる「顕示行為」が要件となる場合もある、という内容でした。これに対し、日本法の「共謀共同正犯」は、複数の人が犯罪を実行する計画を立てたことと、そのうちの誰か一人が、処罰対象となる行為をなしたことを要件として処罰されます。すなわち、未遂と既遂が処罰対象になっている犯罪類型では未遂、予備も処罰されている犯罪類型なら予備を、誰か一人が行ったことで、共謀に参加した全員が「一網打尽」に共同正犯として処罰される、というものです。

一八九六年の大審院の判決は、「共ニ謀リテ事ヲ行フ以上ハ何人カ局ニ当ルモ其行為は共謀者一体ノ行為ニ外ナラス」と述べています。わかりにくいですが、複数名による犯罪の共謀があった以上、そのうちの誰が実行を担当したとしても、それは共謀者全員が一体としてなした行為にほかならない、ということです。この法理は現在に至るまで非常に広く使われています。刑法には、「共同正犯」以外に、「教唆」「幇助」という処罰類型もあるのですが、この共謀共同正犯論が広く適用されているために、実際の共犯事件では、共同正犯による有罪判決が大部分を占めています。この方法のメリットは、自分では手を下さない組織犯罪の親玉を重く処罰できるところにあります。たとえば、オウム真理教の一連の事件で、教祖であった人物は、視覚障害などの事情もあり、自分では被害者への加害行為を直接担当していませんでした。しかし、部下に指示・命令を与えて犯罪を実行させれば、単に犯罪を「教唆」したにはとどまらず、首謀者である「正犯」の一人として重い処罰の対象となるのです。

このような考え方は、組織犯罪の処罰にとって有効な面があるため、近年の国際刑事裁判でも似た法理が適用されるようになってきました。たとえば、旧ユーゴスラヴィア国際刑事法廷(ICTY)では、「共同犯罪計画(Joint Criminal Enterprise)」という処罰類型が確立してきましたし、より新しい国際刑事裁判所(ICC)の規程でも、直接に手を下さない者の行為が共同正犯の一類型に含められています。日本法に古くからある組織犯罪対策は、国際的な潮流を先取りする、模範となりうるものであったともいえます。

共謀共同正犯と共謀罪との違いは、「誰か一人」が何をすれば「一網打尽」が可能なのかというところにあります。共謀罪の「顕示行為」は、それ自体が危険な行為である必要はなく、犯罪の計画が空想ではなく現実的なものであることを示すものであれば足りました。これに対し、共謀共同正犯では、予備が処罰される類型では予備、未遂以降が処罰される類型ならば未遂を成立させる行為であることが必要です。たとえば、殺人を共謀した複数人のうちの一人が猛毒の青酸カリを調達した場合が、殺人予備の共同正犯だとされています。従来、例外的に共謀罪やせん動罪を処罰してきた類型でも、一定の危険性が必要だとされてきました。これは、「抽象的危険犯」について、単なる観念的な危険だけでは処罰できず、実質的な危険がなければならない、とする判例の考え方ともぴったり合致しています。これまでの日本法の諸制度は、高度の整合性と合理性を備えて発達してきたといえます。

まとめ

これまでの内容をまとめると、共謀罪は、犯罪の計画を独立に処罰するものであって、日本法の伝統とは異質であるといえます。日本は、被害の発生やその科学的な危険性を処罰根拠として、既遂・未遂・予備を時間的にさかのぼって処罰する体系を確立しています。また、古くから共謀共同正犯の法理を用いて、組織犯罪対策を進めてきました。

こうした立法や法の解釈・適用のあり方に対しては、処罰範囲が広すぎるのではないか、との批判も、学説からいくつかの点について述べられています。私も、日本の現行法の運用については、疑問を持たないわけではありません。しかし、日本が世界で最も治安の良い国の一つであり、それを支えてきたこれまでの法制度が、かなり高度の一貫性や合理性を備えていることは事実です。

後で詳しく検討しますが、今回国会に提出された法案は、約三〇〇もの犯罪類型について、複数人による計画とそれを顕示する行為とがあれば処罰できるとする「共謀罪法案」です。中には、横領罪のように、これまで未遂も予備も処罰されていなかった類型について、いきなり共謀罪処罰の対象とされているものも少なくありません。伝統的で有効な日本法の体系を破壊してしまうような立法は、犯罪対策として有効なのでしょうか。

第二章　国連条約にそぐわない内容

国連国際組織犯罪防止条約が求める対策

自民党は、今般の法案が、国連の国際組織犯罪防止条約の締結のために不可欠だとしています。しかし、国連はそのようなことは要求していませんし、条約の締約国のほとんどはこのような立法を行っていません。しかも、日本で実際に国会に提出された法案は、条約との関係で見ても歪んだ内容になっているのです。

まず、条約が何を要求しているのかを見てみましょう。本条約は、シチリア州都パレルモ市で調印されたことに象徴されるとおり、マフィア対策を内容としています。そのターゲットの中心は組織的な経済犯罪です。二〇〇〇年の国連総会で採択されており、二〇〇一年九月の同時多発テロ事件よりも前にできた条約であることがわかります。第三章でも触れるように、テロ対策の一連の条約や国連決議は、マフィア対策とは国際法上別の体系をなしていますから、本条約を締結するために「テロ等準備罪」の処罰を導入する、という話は、そもそも眉唾ものです。

国際組織犯罪防止条約は、その第一条で、国際的な組織犯罪への効果的な対策を目的として定めています。組織犯罪防止条約ですから、単独の犯人による無差別殺傷事件や自爆テロ事件は、どれだけ被害が甚大なものであっても、ターゲットに含まれません。ここからしてすでに、「テロ」を持ち出すのがおかしいことは明白です。テロ対策の条約や決議は別にあるのです。

さらに第二条に進むと、「『組織的な犯罪集団』とは、三人以上の者から成る組織された集団であって、一定の期間存在し、かつ、金銭的利益その他の物質的利益を直接又は間接に得るため……重大な犯罪……を行うことを目的として一体として行動するものをいう」となっています（外務省訳）。一定期間の継続性と、「金銭的利益その他の物質的利益を直接又は間接に得る」目的とが要素です。まさにマフィア対策そのもので、テロ対策からはどんどん離れます。

問題の共謀罪は、第五条に規定されています。同条一項ａは、締約国が「共謀罪」か「参加罪（結集罪）」のどちらかを犯罪とするべく、必要な立法その他の措置をとるものとします。「共謀罪」のほうは、「(i)金銭的利益その他の物質的利益を得ることに直接又は間接に関連する目的のため重大な犯罪を行うことを一又は二以上の者と合意することであって、国内法上求められるときは、その合意の参加者の一人による当該合意の内容を推進するための行為を伴い又は組織的な犯罪集団が関与するもの」です。そして、「参加罪」は次のようになっています。「(ii)組織的な犯罪集団の目的及び一般的な犯罪活動又は特定の犯罪を行う意図を認識しながら、次の活動に積極的に参加する個人の行為

ａ　組織的な犯罪集団の犯罪活動

ｂ　組織的な犯罪集団のその他の活動（当該個人が、自己の参加が当該犯罪集団の目的の達成に寄与することを知っているときに限る。）」（いずれも外務省訳）

前者の「共謀罪」の定義を見ますと、やはり、「金銭的利益その他の物質的利益を得ることに

直接又は間接に関連する目的」が要素とされていますので、テロではなくマフィアの対策です。本条約にいう「重大な犯罪」とは、四年以上の自由刑を法定刑に含む犯罪をいいます。「当該合意の内容を推進するための行為」は、先に述べた「顕示行為」に相当する部分に置かれていますが、「合意の内容を示す行為」ではなく「推進する行為」という文言になっているところが違います。

日本法が影響を受けているヨーロッパ大陸法型の法制度を持つ国の多くは、後者の「参加罪」を処罰することで、本条約に対応しています。英米法流の「共謀罪」処罰は日本法の体系に合わない、ということで、日本は「参加罪」の立法によって条約に参加すべきだ、とする専門家もいます。確かに、従来、日本には、「暴力団員による不当な行為の防止等に関する法律（暴対法）」や「破壊活動防止法（破防法）」のように、集団の性質に着目した法規制が存在します。もっとも、それぞれの内容は、本条約の対象とはズレていますし、政府は二〇一六年三月二二日に日本共産党が破防法の調査対象であるとする閣議決定を行うなど、公的な活動が法律によって是認されている団体に対して理解不能な扱いをしています。政府はこの後も、法的意味が不明な閣議決定を続けざまに出していますが、結社の自由などの憲法的保障に反する内容であれば、閣議決定といえども無効であることに注意が必要です（米国で、連邦憲法に違反する内容の大統領令が無効とされるのと同じです）。

本書の検討対象である共謀罪の検討に戻りますと、政府が「テロ対策」という偽りの説明を繰り返している問題はまた後で扱うこととして、「合意」と「推進行為」だけで処罰できるようにするという条約第五条にどう対応するかが課題となります。「合意」の解釈自体には、従来の日本の共犯処罰の実務で広く対応できるのですが、それと「推進行為」だけで処罰する点が問題です。

しかし、実は、条約全体を見ると、第五条の文言を形式的にあてはめた国内立法は必要ない、という解釈が導かれます。そして、国連が出している公式の「立法ガイド」にも、そのことが明言されているのです。

締約国は共謀罪立法なしが原則

もともと、国際条約に対応する国内立法とは、その条約の本来の目的に合致する形で実現されればよいわけで、ある一か条だけを見てそれを形式的に国内法に採り入れる方法が求められているわけではありません。

たとえば、日本は海賊行為の普遍的な処罰を求める国連海洋法条約を一九九六年に批准しましたが、海賊行為対処法を制定して海賊行為の処罰を導入したのはようやく二〇〇九年になってからでした。

また、日本が二〇〇七年に締約国となった、国際刑事裁判所規程の場合を見てみましょう。国際刑事裁判所で処罰される犯罪類型は、「集団殺害(ジェノサイド)罪」「人道に対する罪」「戦争犯罪」「侵略犯罪」の四つですが、それぞれの定義は、規程の第六条以下でかなり細かく規定されています。そこに書かれた内容の中には、日本法上、犯罪とされていないものもあります。しかし、日本は、条約に参加するにあたって、それらを日本法上の犯罪に含める法改正を全く行いませんでした。それにもかかわらず、条約上の義務を果たしていると考えられたのはなぜでしょう。それは、同規程が第一条で、国際刑事裁判所が「国際的な関心事である最も重大な犯罪を行った者に対して管轄権を行使する権限を有」するとしているためです。つまり、後のほうの条文だけを見ると、犯罪の定義がかなり広く書かれているのですが、実際に対象となるのは、そのうちの「国際的な関心事である最も重大な犯罪」に限られるので、その部分については日本法上もすでに犯罪として処罰されている、という解釈が成り立つのです。

同じように考えると、国連国際組織犯罪防止条約でも、第一条の、効果的に組織犯罪を防止する目的が、全体を統括する最も重要な内容であることになります。すでに多くの専門家が指摘していますように、同条約の第三四条一項は、「締約国は、この条約に定める義務の履行を確保するため、自国の国内法の基本原則に従って、必要な措置(立法上及び行政上の措置を含む。)をとる」(外務省訳)としています。「自国の国内法の基本原則」の最も重要な内容は、もちろん、憲法です。日本を含む多くの国では、国際条約と憲法とのうち、憲法のほうが上位の効力を持つと考えられています。つまり、自国の憲法に違反するような内容の国際条約には参加できませんし、国際条約に対応して自国の法律を作る場合にも、憲法に適合する内容にしなければならないのです。

日本の場合、先に述べましたように、観念的な危険だけを理由に刑罰を科すことは許されず、科学的な危険が客観的に認められることが、あらゆる犯罪の条件でした。これは憲法三一条の

「適正手続の保障」の一内容だと考えられています。そうすると、まだ何も危険な物や手段が用意されていない「顕示行為」の段階での処罰は、科学的な危険の存在を要件としていませんから、従来の憲法解釈から逸脱してしまうことになります。そこで、日本としては、たとえば、条約にいう「合意を推進するための行為」の解釈として、従来の予備罪等の準備段階の犯罪類型や「抽象的危険犯」と、伝統的な「共謀共同正犯」とでカバーされる範囲でのみ、犯罪の計画を実行に移す行為を処罰する、という立場をとった上で、条約を締結することが考えられるでしょう。あるいは、もし個別の犯罪として設けたほうがよい類型があればそれを導入すればよいでしょう。たとえば、現行法に処罰規定のある身の代金目的誘拐予備罪のほかに、組織的人身売買予備罪の処罰を加えるなどの対応が考えられます。

事実、共謀罪を処罰してきた典型的な国の一つであるアメリカは、州の刑法の一部が一般的な共謀罪処罰制度を持っていない、という理由で、この第五条に「留保」を付した上で、条約に参加しているとされます。同様の態度表明は、もちろん日本にも可能です。

条約は共謀罪立法を義務づけていない

今般の法案が議論される中で、本条約の締結のために共謀罪立法を行った国が、ノルウェーとブルガリアのわずか二か国しか知られていないことがわかりました。しかし、締約国は一八七か国もあります。ノルウェーとブルガリア以外のすべての国が、「共謀罪型」か「参加罪型」かのどちらかの処罰制度をもともと持っていた、というわけではもちろんありません。世界の法体系の中には、英米法型もあれば、ヨーロッパ大陸型もあり、イスラム法型も、社会主義(旧ソ連)法型も、土着法型もあります。数の上で多いのは、何らかの意味での「混合型」の国々です。アメリカまでが留保を付したことからもわかるように、典型的な共謀罪処罰や参加罪処罰を一般的に実施してきた国は、一部にすぎないのです。

このことをふまえて国連が二〇〇四年に公表したのが、本条約を締結しようとする各国に向けられた「立法ガイド」です。その第五一項には次のように書いてあります。

「共謀の法律を有する諸国もあれば、犯罪の結社(犯罪者の結社)の法律を有する諸国もある。これらの(二つの)オプションには関連する法的な概念を持たない国が、共謀罪および結社罪のいずれの制度も導入することなしに、組織的犯罪集団に対して有効な措置を講ずることを認める余地がある。」(訳は海渡雄一・保坂展人『共謀罪とは何か』岩波ブックレットNo六八六による)

私はこの「立法ガイド」の執筆を担当したニコス・パッサス教授から直接お話を聞く機会を持ちました。ギリシャ出身でアメリカのノースイースタン大学に所属するパッサス教授は、二〇〇九年にトルコのイスタンブールで開催された第一八回国際刑法会議において、「テロリズムへの資金供与」の部会の総括報告者を務めていました。会議は一週間ほど開催されていましたので、私はその間に、彼が日常どのような比較法研究に取り組んでいるかを詳しく聞くことができました。教授は日本語こそ話せませんでしたが、六か国語を流暢に話し、自身で数十か国語を勉強して直接に各国法を調べているほか、日本法のように直接に読めない言語の法制度についても、できる限り網羅的な法情報データベースを日々構築しているというのです(現在、日本法については、たとえば、法務省により「日本法令外国語訳データベースシステム」が提供されているほか、最高裁判所のウェブサイトで、主要判例の英訳が公開されています)。学会でのパッサス教授の報告に対しては、調べてばかりで理論的な掘り下げが足りない、という批判もありました。しかし、ほとんど「おたく」的に各国の法制度について調べておられたことは確かです。「立法ガイド」は、世界にさまざまな組織犯罪対策があることを十分に理解した上で、各国に効果的な施策をとるよう求めた、現実的な指針だといえます。もちろん、条約本体は第五条で「共謀罪」か「参加罪(結集罪)」のどちらかによる対応を求めています。しかし、各国は国内法の基本原則に従った法整備を行えばよいので、英米法と全く同一の共謀罪を導入する必要はないのです。

こうして、ほとんどの締約国は共謀罪立法を行っていないわけですが、例外となった国々も、日本とは相当に異なる背景を有していました。まず、ノルウェーは、もともとできるだけ刑罰を用いない方針の国として有名です。銃乱射による七七名の殺害事件(組織犯罪ではない単独犯によるテロの典型でしょう)の後にも、死刑を復活させる議論はありませんでしたし、一般的な刑罰水準も日本と比べてはるかに軽いものになっています。共謀罪の対象犯罪も、当然、少数に限られています。また、他の北欧諸国と同様に、公権力の行使の透明性が非常に重視され、そのための制度も機能しており、日本のような形での権力濫用は社会問題化していません。「国境なき記者団」の調査では、二〇一七年の「報道の自由ランキング」第一位になっています。

もう一つの国であるブルガリアは、もともと、日本と異なり、予備罪の処罰範囲を極めて狭く限定していました。また、旧来、社会主義国法のタイプに属していましたので、これも日本とは異なり、軽微な違法行為や単なる危険行為は、犯罪ではなく、行政的な制裁の対象にすぎないと考えていたはずです（旧ソ連法の影響を受けた国に共通する特徴です）。そのため、準備段階の行為を新たに犯罪として処罰する必要性が高かったと思われます。そして、新設された共謀罪処罰の条文は、国連条約に従い、対象を明確にマフィアに絞った内容になっています。すなわち、財産上の利益を得る目的か、または、国もしくは地方公共団体の活動に違法な影響力を及ぼす目的が要件とされており、テロ対策ではないことが明白です。

このように、テロ対策のためと称して約三〇〇もの共謀罪を導入するなどと言い出している国は、全世界を見ても日本だけなのです。

対象犯罪限定の恣意性

さらに、今般の法案では、今までになかった新たな問題も浮上しています。それは、前の法案で六〇〇以上あった対象犯罪が半数未満に減らされている、その選別の仕方です。これについての政府の説明は、疑問を呼ぶばかりです。

まず、確かに、対象から外されたことに合理性のある犯罪類型はあります。それは、自動車運転過失致死罪のような過失犯や、故意がなくてもよいとされる部分を含む傷害致死罪のような犯罪類型です。条約は共謀罪の対象を故意犯に限定していますので、これは条約に合っています。

共謀は、その対象を認識していることが前提ですから、「致死」を共謀すればそれは殺人の共謀になります。これに対し、過失犯の共謀ということは想定しがたいわけです。

次に、予備罪や準備罪そのものが、四年以上の自由刑を含んでいる類型があります。これを「共謀」するということは、理論的に考えられなくはないのですが、「予備の共謀」の処罰は、国連条約が想定していないところです。ここに明らかに示されているとおり、日本法の予備罪などの処罰は諸外国に比べて相当に広く重いものであり、国連条約の条文を形式的に適用するとおかしなことになるのです。

ここから先が問題です。これだけではまだ対象犯罪は三〇〇に減りません。限定の方法として、法定刑の軽い罪から除外していくことが考えられますが、法案はそのようになっておらず、むしろ重い罪を除外しています。たとえば、横領罪の刑の上限は懲役五年で、その加重類型である業務上横領罪の刑の上限は懲役一〇年です。同じく共謀罪で処罰するにしても、計画された犯罪の重いほうが、共謀罪としての量刑も重くなるはずですから、重い業務上横領罪と軽い横領罪の双方を対象犯罪としておくのが論理的であるように見えます。ところが、対象犯罪となっているのは横領罪のほうだけで、業務上横領罪は外されているのです。あえて重い類型を除外している理由は何でしょうか。同様の除外は、背任罪と会社法上の特別背任罪のような、基本類型と加重類型とがある場合に行われています。政府はその理由を、基本類型の共謀罪を処罰すれば足りるから、としています。しかし、量刑要素としては重要な加重類型を、なぜ対象から外すのかの実質的な理由は説明されていません。単に対象犯罪の見た目の数を減らすためだけであれば、粉飾決算のようなものです。

このパターンを注意深く見ると、加重類型のほうはいわゆる企業犯罪として発生することの多い犯罪であることがわかります。業務上横領罪や特別背任罪は、比較的大きな企業の内部で問題となることの多い類型です。それらの共謀が、罪名の評価から消えてしまい、量刑要素としても無視されるかもしれないことは、企業の優遇という側面を示しています。しかし、国連国際組織犯罪防止条約は、まさに典型的に、経済犯罪をターゲットにするものでした。重く処罰される企業犯罪をあえて対象から除外することを、日本国は国連に対してどう説明するのでしょうか。

さらなる疑問は、マフィア対策にとって重要だと考えられる二つのグループの犯罪類型の除外に対して生じます。除外されているのは、公権力の私物化の類型と、民間の汚職を含む経済犯罪の類型です。私たち刑事法の専門家は、二〇一七年二月一日に「共謀罪法案の提出に反対する刑事法研究者の声明」を発表したのですが、そのときはまだ、法案で対象犯罪の数がどうなるのかは判明していなかったため、私たちはこれに注目していました。二月末に対象犯罪が明らかになったとき、声明の呼びかけ人の一人である立命館大学の松宮孝明教授から、まず、「公職選挙法がない」との声が上がりました。同様に、政治資金規正法違反の罪も政党助成法違反の罪も対象にありません。ブルガリア刑法の共謀罪立法が明白に示したように、マフィア対策の法律は、国や地方公共団体の活動に違法な影響力を及ぼそうとする行為をターゲットにしています。逆にこれを対象外にするとは、一体どういうことでしょうか。

少し詳しく、除外された犯罪類型を見てみます。まず、刑法典の中に、警察などによる職権濫用・暴行陵虐罪があり、法定刑の上限はそれぞれ懲役一〇年・七年と重いのですが、共謀罪法案の対象犯罪から除外されています。刑法の条文は次のようになっています。

特別公務員職権濫用罪（刑法一九四条）「**裁判、検察若しくは警察の職務を行う者又はこれらの職務を補助する者がその職権を濫用して、人を逮捕し、又は監禁したときは、六月以上一〇年以下の懲役又は禁錮に処する。**」

特別公務員暴行陵虐罪（刑法一九五条）「一項　**裁判、検察若しくは警察の職務を行う者又はこれらの職務を補助する者が、その職務を行うに当たり、被告人、被疑者その他の者に対して暴行又は陵辱若しくは加虐の行為をしたときは、七年以下の懲役又は禁錮に処する。**

二項　**法令により拘禁された者を看守し又は護送する者がその拘禁された者に対して暴行又は陵辱若しくは加虐の行為をしたときも、前項と同様とする。**」

また、公職選挙法違反の罪としては、選挙の候補者や選挙管理委員による買収・利害誘導の罪、これらの人や有権者に対する買収・利害誘導罪など、四年以上の懲役を含む多数の処罰類型があるのですが、そもそも同法に規定された犯罪は、すべて対象犯罪から除外されています。中には次のような新聞・雑誌の不法利用罪（一四八条の二）も含まれます（罰則は二二三条の二第一項で五年以下の懲役または禁錮）。

「一項　何人も、当選を得若しくは得しめ又は得しめない目的をもつて新聞紙又は雑誌の編集その他経営を担当する者に対し金銭、物品その他の財産上の利益の供与、その供与の申込若しくは約束をし又は饗応接待、その申込若しくは約束をして、これに選挙に関する報道及び評論を掲載させることができない。

二項　新聞紙又は雑誌の編集その他経営を担当する者は、前項の供与、饗応接待を受け若しくは要求し又は前項の申込を承諾して、これに選挙に関する報道及び評論を掲載することができない。」

政治資金規正法や政党助成法違反の罪も、そのすべてが対象犯罪から除外されました。最高裁判所裁判官国民審査法違反の罪も除外されています。「公権力の私物化」類型は、国連条約の典型的なターゲットなのに、しかも、法定刑の重い犯罪類型であっても、わざわざ取り除かれているのです。

さらなる除外類型は、いわゆる「商業賄賂罪」、つまり、民間セクターの汚職の罪です。たとえば会社法では、法定刑の条件を満たす他の犯罪類型がすべて共謀罪の対象に含まれているのに、なぜか株式会社の役員・従業員による収賄罪だけが、外されています。同様に、金融商品取引法、商品先物取引法、投資信託・投資法人法、医薬品・医療機器法(旧薬事法)、労働安全衛生法、貸金業法、資産流動化法、仲裁法、一般社団・財団法人法における収賄罪が、法定刑の条件を満たすにもかかわらず、ことごとく対象犯罪から除外されています。しかし、国連条約は、冒頭の目的規定にもはっきり書いてあるように、経済犯罪を中心的な対象にしていたはずです。

なお、脱税の罪としては、所得税法・法人税法・消費税法などの一般的な法律に対する違反が対象犯罪に含まれていますが、たばこ税法・石油石炭税法・石油ガス税法・航空機燃料税法・揮発油税法の違反など、組織的にしか行えないような類型が除かれています。そして、相続税法違反の罪は除かれています。独占禁止法違反の罪も除外されています。

まとめ

このように見てくると、今般の共謀罪法案は、国連国際組織犯罪防止条約を締結するためと言われながら、一方で、条約によって要求されていない範囲にまで広く処罰を及ぼそうとしていることがわかります。しかし、それと同時に、他方で、マフィア対策を目的とする同条約が典型的にターゲットにしていると考えられる、公権力を私物化する罪や、民間の汚職などの経済犯罪が、法定刑の重さにもかかわらず、対象犯罪から除外されています。政治家や警察、財界の一部の人に有利になっているように見えます。

政府は、対象犯罪の限定について、組織的犯罪集団が行うことを想定しにくい犯罪類型を除いた、としていますが、それが事実に反する説明であることは明らかです。なぜ、条約に合わない内容の共謀罪法案を押し通そうとするのか、与党の動機に対する疑問がふくらんできます。

第三章　オリンピックのためというウソ

五輪招致時に検討の形跡がない

安倍首相は、「テロ等準備罪」立法について、「国内法を整備し、国際組織犯罪防止条約を締結できなければ東京五輪・パラリンピックを開けないといっても過言ではない」と述べていましたが、二〇一三年九月のブエノスアイレスでの五輪招致演説では、「この今も、そして二〇二〇年を迎えても世界有数の安全な都市、東京」と言っています。本法案は五輪のためにできたものではありません。

東京都議会が五輪開催招致を決議したのが二〇〇六年です。私は、二〇〇八年四月から二〇一三年三月まで、当時オリンピック・パラリンピックを所轄していた文部科学省の委託事業で、スポーツ仲裁やドーピング対策の検討に従事していました。この期間に、テロ対策や共謀罪の立法が五輪招致の文脈で議論されたのを聞いた覚えはありません。二〇一七年二月に「共謀罪法案の提出に反対する刑事法研究者の声明」を出した後、ＴＢＳの『報道特集』という番組のインタビューでたまたまこのことに触れたところ、大きな反響がありました。法案はオリンピックのために検討されていると誤解していた人の多かったことを示しています。しかし、「はじめに」で書きましたように、法案にはテロのための条文が含まれていないのです。

もちろん、共謀罪は文部科学省ではなく法務省の管轄ですから、本格的な検討をするとすれば法務省の中に担当のワーキンググループなどが設置されたはずだと思われます。しかし、五輪全体の担当が文部科学省だった以上、その五輪担当部署の知らないところで五輪のための共謀罪が公的に議論されていたことは考えられません。当時の私たちの事業の中では、ドーピングが国際組織犯罪として扱われている国々のあることもわかっていました。しかし、日本では五輪招致のための共謀罪立法は検討の対象になりませんでした。処罰の導入をめぐって議論があったのは、「ドーピング罪」という犯罪類型を立法するかどうかについてだけでした。結論として、刑事立法は行わないことになりました。それは、悪質な事案についてはすでに記録のねつ造や改ざんの罪、詐欺罪、業務妨害罪といった一般的な犯罪として処罰できることや、選手の健康と人権を保護する必要のあること、刑事手続に時間がかかることなどによるものでした。その結果、行政的な規制を強化することになり、スポーツ庁が独立して、関連する法整備が進められることになったのです。

もしも、共謀罪立法が五輪のためのものであるならば、全く異なる展開をたどったことでしょう。

一般市民の中には、二〇一三年と現在ではテロの危険が違う、という方もあるかもしれません。しかし、犯罪情勢は現在のほうが大きく改善しています。政府の『犯罪白書』の統計によれば、刑法犯の二〇一二年の認知件数が二〇三万六三九三件であったのに対し、二〇一五年は一六一万六四四二件で、わずか三年間に約四二万件(二割以上)も減っています。暴力団関係者の人数と犯罪件数も落ち込んでいます。テロの危険が高まったとすれば、それは、安保法制が強行されたことにより、日本が「アメリカと一緒に武力を行使する国」と見られて、イスラム過激派から敵視されるようになったからではないでしょうか。そうであれば、原因となった安保法制をやめればよいことになります。東アジア情勢の緊迫は、北朝鮮が米国の脅威に対抗するために生じるものなのですから、本来外交によって対処すべき事態です。

過去の共謀罪立法も無関係

私が五輪招致にかかわったのは二〇〇八年からでしたが、よく考えると、その当時、実は、前の共謀罪法案がまだ国会で継続審議扱いになっていました。日本弁護士連合会（日弁連）のパンフレットによると、過去の共謀罪法案は次のような経緯をたどっています。

【共謀罪法案提出の経緯】

二〇〇二年　法制審議会で検討
二〇〇三年三月　第一五六回通常国会に法案提出（廃案）
二〇〇四年二月　第一五九回通常国会に法案再提出（継続）
二〇〇五年八月　衆議院解散に伴い廃案
二〇〇五年一〇月　第一六三回特別国会に法案提出（継続）
二〇〇九年七月　衆議院解散により廃案

私たち刑事法研究者がこのことを比較的よく覚えているのは、当時の共謀罪法案が、サイバー犯罪対策立法と一つの法案に「抱き合わせ」になってしまっていたからです。サイバー犯罪対策は急がれていたのに、共謀罪のせいで法改正ができていませんでした。その後、民主党政権下で、当時としては画期的な両者の「切り離し」が実現し、二〇一一年にサイバー犯罪対策立法が成立しました。

共謀罪のほうについて見てみると、サイバー犯罪対策とくっつけることによって「立法が急務」などと言ってみても、ダメなものはダメなことがわかります。今回も同じで、「五輪のため」と言ってみても、その実体が存在しないのでは、国民に対する単なる目くらましにすぎません。

今般の共謀罪法案の内容は、対象犯罪の数を除き、二〇〇三年のものと実質的にほとんど変わっていません。五輪招致は二〇〇九年に一度失敗して、二〇一三年に成功しました。この間、五輪招致の文脈で共謀罪立法を議論することはいくらでもできたはずなのに、全く行われていなかったのです。

政府文書でも共謀罪は無関係

この問題に関心を持った東京新聞が、過去の政府文書を調査しました。二〇一七年三月一九日の記事では、治安対策に関する政府の行動計画を、二〇〇三年、二〇〇八年、二〇一三年のバージョンのすべてにわたって調査した結果が次のように報道されています。

「五輪開催決定を受けて一三年一二月に閣議決定した政府の治安対策に関する行動計画『「世界一安全な日本」創造戦略』では、東京五輪を見据えたテロ対策を取り上げた章に『共謀罪』創設の必要性を明確に記した文言はない。……政府は治安対策に関する行動計画を〇三年に策定、〇八年、一三年に改定した。〇三年と〇八年でも『共謀罪』は……テロ対策の章には出てこない。……政府は〇五年までに三回提出し廃案となった『共謀罪』と、今国会に提出する予定の『共謀罪』法案は違うと指摘。与党や国会への説明では、国際組織犯罪の取り締まりからテロ対策に強調する点を変更した。それなのに行動計画を見る限り、一貫して国際組織犯罪対策として記述されている。」

実際に政府の「犯罪対策閣僚会議」で公表された文書を見てみますと、治安の悪かった二〇〇三年に出された「犯罪に強い社会の実現のための行動計画」では、「国際組織犯罪防止条約及びサイバー犯罪条約の早期締結並びに関連法の整備」が「組織犯罪等からの経済、社会の防護」の章に置かれています。この計画は、二〇〇一年の同時多発テロよりも後に策定されたものですが、テロについては「その中心的役割を緊急テロ対策本部等における取組に委ねる」とし、対象外としています。「五輪」「オリンピック」の文字は全く登場しません。次いで「犯罪に強い社会の実現のための行動計画二〇〇八」では、「国際的な組織犯罪の防止に関する国際連合条約の締結に向けた法整備」は「国際化への対応」の章に置かれ、「テロの脅威等への対処」の章とは別のところにあります。この段階でも「五輪」「オリンピック」の文字はまだ登場しません。五輪招致が決定した後の二〇一三年末の「『世界一安全な日本』創造戦略」に至って初めて、「オリンピック・パラリンピック東京大会を見据えたテロ対策等の推進」が出てきました。そして、「国際的な組織犯罪の防止に関する国際連合条約締結のための法整備」は依然として別の章、「社会を脅かす組織犯罪への対処」のところにありました。

まとめ

以上のとおり、共謀罪立法はオリンピック・パラリンピックの文脈で議論されたことがなく、政府の公式文書でも一貫してそのような扱いになっていることが明らかになりました。

第四章　テロ対策のためというウソ

テロ対策とマフィア対策の違い

「イスラム国（ＩＳ）」は組織的犯罪集団と見られていますので、組織犯罪対策とテロ対策とを重ねて理解している方も少なくないでしょう。確かに、両者には重なる部分もあります。しかし、マフィアに代表される組織的犯罪集団の活動と、テロリズムとは、基本的な性格を異にしています。そのため、国際法上も、国内法上も、二つの領域には別々の対策がとられてきました。

マフィアや暴力団などの組織的犯罪集団は、組織として時間的に継続することを想定しており、その中で、さまざまな利益の獲得や、そのための公権力に対する不当な影響力の行使を目的としています。これに対し、テロリズムは、宗教的動機や政治的動機に基づいており、組織性や継続性を要件としません。単独の犯人が行う自爆テロも、典型的なテロリズムの一つです。両者は、目的も態様も異なるのです。

国際法上の取組みを見ても、マフィア対策とテロ対策とは別々の体系を構成してきました。国連国際組織犯罪防止条約が、二〇〇一年の同時多発テロ事件よりも前にできたマフィア対策の条約であることは、第二章で触れたとおりです。これと別に、テロ対策の国際条約は、同時多発テロの前後を通じて採択されてきました。国連条約としては、外交官等保護条約（一九七三年採択、一九七七年発効)、人質をとる行為に関する条約(一九七九年採択、一九八三年発効)、爆弾テロ防止条約(一九九八年採択、二〇〇一年発効)、テロ資金供与防止条約(一九九九年採択、二〇〇二年発効)、核テロ防止条約(二〇〇五年採択、二〇〇七年発効)の五つがあり、他に、八つの多国間国際条約があります。日本はこれら一三の主要国際条約および議定書について、すべて国内法整備をすませて締結ずみです。

また、二〇〇一年の同時多発テロ事件以降は、テロリズムが「平和に対する脅威」として理解されるようになり、数多くの国連安保理決議が出されています。安全保障理事会は、同時多発テロの翌日にこの攻撃を非難する決議一三六八を採択しましたが、その後まもなく採択された決議一三七三は、加盟国にテロリズム対策としての包括的な措置の実施を義務づける最も重要な決議であるとされ、同決議により、国連テロ対策委員会も設置されました。すべての国連加盟国には、テロ関連条約を締結して完全に実施することが求められており、テロ対策委員会が決議の実施状況を監視することになっています。

日本はこれらの条約や決議に従い、テロ対策の国内立法もその都度すませています。たとえば、テロ資金供与防止条約に対応して制定された二〇〇二年のテロ資金提供処罰法は、正式名称を「公衆等脅迫目的の犯罪行為のための資金等の提供等の処罰に関する法律」といい、その第一条では、対象行為に「公衆又は国若しくは地方公共団体若しくは外国政府等(外国の政府若しくは地方公共団体又は条約その他の国際約束により設立された国際機関をいう。)を脅迫する目的」を要求しています。

　また、国際条約への対応としてでなく、純粋な国内立法としてできた法律の中には、すでに「テロリズム」の定義が置かれています。ドローン規制のために二〇一六年三月に制定されたばかりの「国会議事堂、内閣総理大臣官邸その他の国の重要な施設等、外国公館等及び原子力事業所の周辺地域の上空における小型無人機等の飛行の禁止に関する法律」では、その第六条第一項で「テロリズム」を「政治上その他の主義主張に基づき、国家若しくは他人にこれを強要し、又は社会に不安若しくは恐怖を与える目的で人を殺傷し、又は重要な施設その他の物を破壊するための活動」と定義しています。同様の「テロリズム」の定義は、二〇一三年に制定された特定秘密保護法の第一二条第二項第一号にもみられます。この定義は、日常用語としてのテロリズムの理解にもおおむね合致している一方、マフィア対策の組織犯罪防止条約のほうでは念頭に置かれていないことがわかります。

　これらの法制度からは、テロリストがマフィアとは異なる目的を持つものとして位置づけられていること、および、国際条約でも国内立法でもその二つは分けて規制されてきたことが明らかに見て取れます。

現行法に穴はない

　これまで日本はテロ対策として、国際条約や安保理決議ができる度に、比較的迅速に国内立法を行ってこれらを実施してきました。国連体制が要求するテロ対策は完備しています。特に、テロ資金提供処罰法は、東京五輪開催決定後の二〇一四年の大改正によって、テロ目的による資金や物品、役務の提供等を包括的に処罰対象にしていますから、テロ目的の組織的行為について処罰の間隙はありません。また、ドローン規制や危険ドラッグ規制の導入などからもわかるように、何か一定の危険性があると判断されるものが新しく出てきた場合には、その都度、法律を制定したり、既存の法律の適用対象を政令によって広げたりしてきました。

その結果、現行法の下では、危険性のある物質や手段の取扱いが、ほぼ網羅的に刑事規制を受けています。第一章で述べたように、予備罪・準備罪の類型も諸外国に比べて多数存在していますから、テロ対策に穴はないのです。新たに危険な物質や手段が生み出された場合には、法律や政令の規制を一つ加えれば足りるのであって、三〇〇もの共謀罪を立法する理由にはなりません。もし、抽象的危険犯や予備罪よりもさらに時間的にさかのぼった段階に処罰を及ぼそうとすると、危険でない行為を処罰対象とすることになってしまいます。次章で詳しく述べるように、その範囲は無限定になります。

また、仮に、新しい物質や技術が出てきた場合に、それが一定の危険性を有するものであったとしても、あらかじめ法律によって規制していなければ、処罰の対象にすることはできません。憲法三九条は「何人も、実行の時に適法であつた行為又は既に無罪とされた行為については、刑事上の責任を問はれない」と規定し、「遡及処罰の禁止」を命じています。たとえば、科学研究の過程で、危険性のある物質や技術が生み出される可能性はありますが、それらをどのように規制するかは、憲法二三条の「学問の自由」との関係を慎重に判断した上で、あらかじめ定めて示しておかなければならないのです。オウム真理教のテロ事件の後で制定されたサリン法は、サリンの研究を大幅に制限する法律です。遺伝子組み換え生物や、クローン技術などについても、厳しい規制が及んでいます。遺伝子組み換え人間やクローン人間が産み出されてしまっては困るのですが、しかし、これらの技術は病気の治療に役立てられる可能性もあります。そこで、法制度上は、危険性と有用性とを最新の科学的知見に照らして評価することで、許される研究と許されない研究との間の線引きが行われています。

こうした事前の規制に書かれていない行為を、共謀罪における「実行準備行為」のような茫漠たる概念で対象にできることにしてしまえば、危険のない日常的な行為や、人類にとって有益な研究開発までが、萎縮したり、あるいは悪くすると強制捜査を受けたりするおそれがあります。テロ対策という名目で、普通の権利や自由をそのように制限することは許されないはずです。捜査機関の主観的な判断で摘発ができるような立法には、憲法上疑問があります。

テロリズム集団「その他」

ますます異様なのは、今般の共謀罪法案が、「テロ等準備罪」を処罰するものだと宣伝されているのにもかかわらず、テロのための条文を一つも含んでいないことです。

二〇一七年二月末に、法案の内容が明らかにされたとき、「テロ」の語が全く含まれていないという事実が衝撃をもって受け止められました。先に触れましたように、すでに日本の現行法には、「公衆等脅迫目的の犯罪行為」や「テロリズム」の定義を含む法律が複数ありますが、それらに対応する語がないのです。

これを疑問視する声が社会で高まったため、与党は慌てて、法案の中の、適用対象についての条文に、「テロリズム集団その他」という文言を挿入しました。しかし、それだけの修正しか加えていませんので、テロ用に設けられた条文がただの一か条も存在しないという事実には変わりがありません。そもそも、「その他」は「テロリズム集団以外」を指すことになるのですから、「テロリズム集団その他」の意味は、結局、「テロリズム集団を法規制の対象から除外しない」ということだけでしかありません。

したがって、法案では、確かに、テロ犯罪の共謀罪は対象範囲から除かれこそしていませんが、それはリフォーム詐欺の共謀罪や脱税の共謀罪など、他のすべての対象犯罪の共謀罪と同列の扱いしか受けていません。共謀罪法案は、テロ対策立法の内実を含んでいないのです。また、テロリズムに該当する殺傷行為や破壊行為と、テロリズムに該当しない殺傷行為や破壊行為との間の区別も、法案の中には存在しません。そもそも、組織的犯罪処罰法の改正を内容とするものですから、単独犯によるテロはすべて対象外です。

治安情勢の飛躍的向上

このように、テロを中心とする危険な事態には、国際条約や決議、またそれらに対応する国内立法や独自の国内法によって、すでに対応可能な体制が整っています。そして、法案の内容自体に、テロ対策が規定されていません。

こんな奇怪な法案を、なぜ、与党は、虚偽の看板を掲げて国民をだましてまで強行しようとするのでしょうか。第七章でも、いくつかの推測に触れますが、ここでは、「犯罪が減って仕事のなくなった警察が権限を保持するため」という理由を書いておきましょう。

近年、犯罪が激減していることは、政府統計でも簡単に見ることができますが、神奈川新聞の作成したわかりやすい図を引用してみます。第三章で述べましたように、現在、犯罪の認知件数は毎年大幅に減少し、戦後最低新記録を更新中です。東京オリンピック開催の決まった二〇一三年と比べても、今の犯罪の件数はさらに少なくなっています。暴力団関係者の数とその犯罪の件数も明白な減少傾向を続けています。そして、二〇一五年の犯罪認知件数がピーク時の二〇〇二年の半分未満に減少した一方で、同じ期間に警察職員の数は約二万人増加しています。

それと同時に、警察は、今まで摘発の対象になっていなかった行為の摘発を始めています。沖縄の基地反対運動が弾圧されているという批判が上がっていますが、私が直接に関係した問題領域の例として、改正前風営法（風俗営業等の規制及び業務の適正化等に関する法律）のダンス営業規制によるクラブの一斉摘発を挙げてみます。ダンス営業規制は、戦後すぐに、売春防止

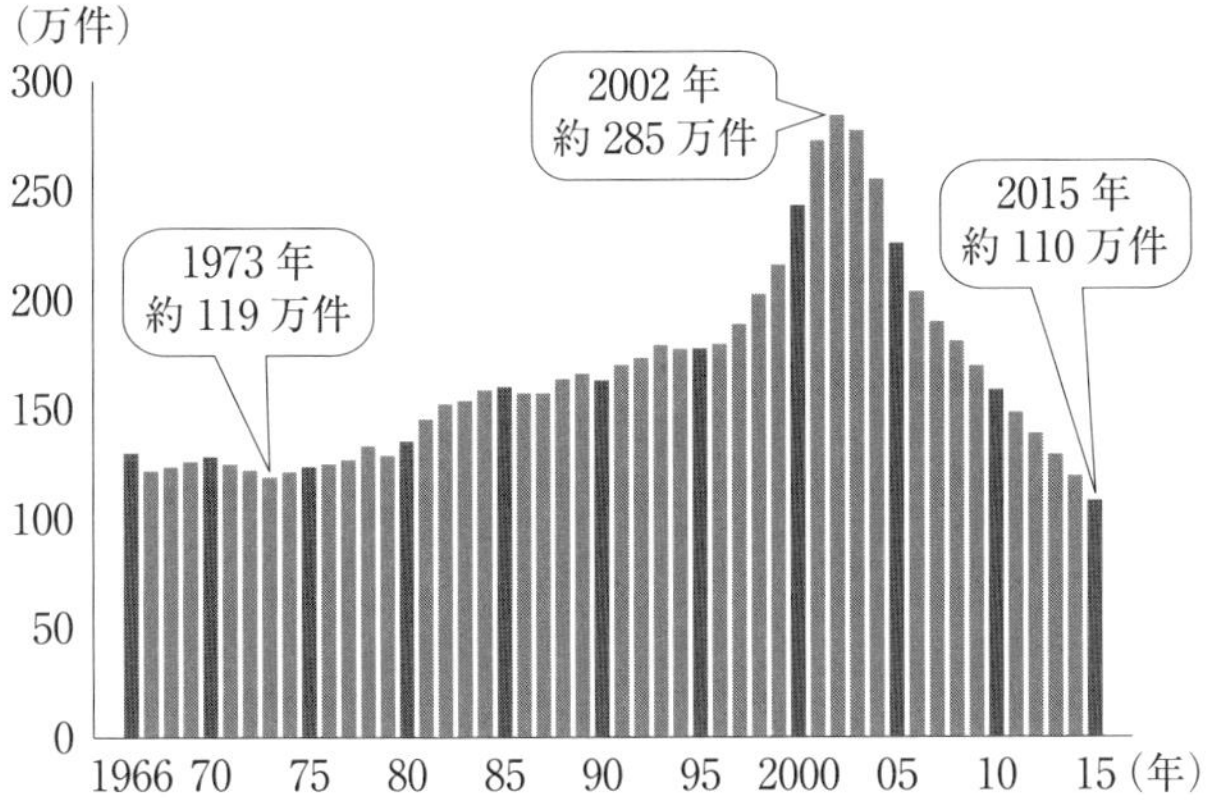

出典：警察白書を元に作成.

図　刑法犯の認知件数(神奈川新聞)

の目的で設けられたものでした。その後に売春防止法が制定され、売春を助長する行為は売春防止法で処罰されるようになりました。しかし、風営法の処罰規定は削除されずにそのまま残ってしまっていたため、法改正を求めて、社交ダンスの団体が運動を進めていました。しかし、犯罪激減の時期になって、警察は突如、若い人たちが音楽を聞きに行く「クラブ」の一斉摘発に出たのです。売春とは何の関係もないのに、多くの店が「無許可営業罪」の疑いで閉鎖に追いやられました。摘発を受けた大阪のクラブの一つが、ＮＯＯＮというお店です。クラブＮＯＯＮは単にフロアで音楽を流していただけで、深夜営業もしていなければ未成年者もおらず、騒音やごみ、いわんや暴行・傷害や違法薬物の問題は全く生じていませんでした。経営者だった男性は、これが風俗営業として扱われるのはおかしい、として、正式裁判で無罪を主張しました。第一審も控訴審も、ダンス営業規制の元の趣旨から考えて、ＮＯＯＮの営業は対象外であるから、無罪であるとしました。最高裁も、クラブには表現の自由と営業の自由が及んでおり、社会に対する実質的な危険がなければ無許可営業罪の処罰対象にはならないという考え方を認め、無罪判断を維持しました。

しかし、最高裁まで四年かかって争い、無罪を勝ち取ったのはこの男性一人だけでした。同様の事案で摘発された店の多くの関係者は、正式裁判で闘うことができず、略式手続によって有罪とされ罰金を科されたままになっています。つまり、冤罪の状態のままに置かれている人がたくさんいるのです。しかも、この裁判と同時に進行していた風営法の改正では、ダンス営業の罪が廃止されたものの、これよりもさらに広範な「遊興」処罰規定なるものが新設されてしまいました。実質的には違憲の疑いがさらに強い規制です。改正法は二〇一六年に施行され、警察は多数の飲食店に対し、「遊興」営業の許可を取得するよう求めたり、嫌がらせともとれるような立入りを実施したりしています。

注意しなければならないのは、このクラブの摘発が、政治的な弾圧を狙ってなされたものとはいい難いことです。多数のクラブは、特定の政治的主張の下にまとまっていたわけでは全くありません。政治性と無関係に警察の取締りが及んでいる例は他にもみられます。たとえば、最近、女性タレント二名が電車の線路に立ち入った行為が、鉄道営業法違反で書類送検の対象になりました。この行為は確かに違法ではありますが、その程度は極めて軽微です。この程度の行為であれば、刑事罰の対象とはされない国が多いでしょう。それに、彼女たちは何の政治的立場も主張していません。二〇一六年五月には、右翼団体のメンバー二〇名が、道路交通法上の共同危険行為を理由に、運転免許の取消処分を受けることになったと報道されています。右も左も関係なく、警察は摘発します。

軽微な道路交通法違反の摘発が「ネズミ捕り」と批判的に呼ばれることがありますが、それに似た状況が、より重い処分を伴って、いろいろなところで起こっています。共謀罪処罰を導入すれば、警察の取締権限の範囲は大幅に拡大します。本来必要のない処罰規定をわざわざ作ることにより、犯罪でなかったものを犯罪と呼び、警察の実績を上げる効果がもたらされるのです。

まとめ

日本が締結を求められている国連国際組織犯罪防止条約は、マフィア対策の条約であって、テロ対策を念頭に置いた内容にはなっていません。今般の共謀罪法案は、もともと条約締結のためにできてきたものであるため、テロ対策の条文を全く含んでいません。初めに公開された案に「テロ」の文言がなかったのはそのためです。後から「テロリズム集団その他」を書き加えても、法案にテロ対策の内容が付け加わるわけではありません。

これとは別に、テロのための国際条約や国連安保理決議は多数作られており、日本は国内立法をすませてこれらをすべて実施ずみです。さらに、国内独自の理由で、危険な行為を処罰する法令も、随時制定されてきています。テロ対策としての共謀罪立法なるものは、まったくの「お門違い」であることが明らかになりました。

それにもかかわらず、与党が共謀罪立法を無理やり通そうとするのはなぜかを考えると、一つの理由として、警察の権限保持が思い浮かびます。それは、現に、違法でない行為や軽微な違法性しかない行為について、今までにはなかった摘発が起きてきているからです。

第五章　内容の無限定性

共謀罪立法に賛成する意見

これまで説明したように、共謀罪法案には問題点がありすぎて、その批判に反論して法案をそのまま支持する意見はほとんどみられません。

そのような中で、二〇一七年三月六日に、暴力団による被害対策に取り組む全国の弁護士ら一三〇人が賛同して、犯罪を計画段階で処罰する法律を早期に制定することを求める提言書を関連省庁や各党代表、国会に提出するとの報道がありました。それによれば、提言書は「現実には考えられない『濫用』の危険を抽象的に述べるだけで、組織犯罪対策としての共謀罪に反対する立場は、国民の生命・身体に対する危険を等閑《なおざり》にするものとしか言いようがない」としているそうです。しかし、現にいろいろな冤罪事件が起こっていることを最高裁も認めているのに、濫用の危険が現実には考えられないとすることは、事実認識として疑問があります。また、暴力団による被害対策には、警察ＯＢが従事していることが多く、警察の仕事の確保という一種の利権が背後にうかがえます。暴力団関係者の犯罪が順調に減少していることは、先に述べたとおりです。

別の観点からの主張として、人身売買対策のために共謀罪立法が必要だとする早稲田大学の古谷修一教授の次の意見が、二〇一七年三月一九日の毎日新聞に掲載されました。「日本は世界でも有数の人身取引の最終目的地や中継地点になっており、背後には暴力団などの犯罪組織が存在する。人身取引を防止する観点からも、国際組織犯罪防止条約を早期に締結すべきだ。」「国際組織犯罪防止条約はその中核的内容として各国に『共謀罪』の創設を求めており、……法整備をまったくすることなく、現行法のままで締結するのは、条約を履行しないのと同じだ。条約を誠実に順守することをうたった憲法にも反する。」

確かに、人身売買対策は重要ですし、そのためには国連条約とその人身売買議定書に参加する意義があります。しかし、第二章で述べたように、形式的な共謀罪立法が義務でないことは、条約からも読み取れますし、国連自体が明らかにしています。また、古谷教授自身も次のように続けています。「条約が求めているのは『金銭的利益その他の物質的利益』の取得を目的とした犯罪の共謀罪であって、あくまで人身取引や薬物密輸などへの対応が目的だ。政府がテロ対策を前面に出して、共謀罪の必要性を訴えるのは間違いだ。テロ対策は別に考えなければならない。」

このように、共謀罪立法自体を求める意見は存在しているのですが、暴力団対策の弁護士らも、人身売買対策を訴える古谷教授も、オリンピックのためやテロ対策のためという理由を掲げているのではないことが注目されます。

法案における定義

今般国会に提出された法案で処罰の対象とされている、共謀罪に対応するものは、予定される組織的犯罪処罰法第六条の二で「実行準備行為を伴う組織的犯罪集団による重大犯罪遂行の計画」と名付けられています。

これが処罰されるための条件は、同条第一項で、

①「組織的犯罪集団（団体のうち、その結合関係の基礎としての共同の目的が別表第三に掲げる罪を実行することにあるものをいう。……）の団体の活動として」

②「当該行為を実行するための組織により行われるものの遂行を二人以上で計画し」

③「その計画をした者のいずれかによりその計画に基づき資金又は物品の手配、関係場所の下見その他の計画をした犯罪を実行するための準備行為が行われたとき」

とされます。なお、「別表第三」には、約三〇〇の対象犯罪から、犯罪の摘発を受けたことを前提にするいくつかの犯罪類型を除いた罪がすべて含まれています。

第二項は、①②の部分が、①「組織的犯罪集団に不正権益を得させ、又は組織的犯罪集団の不正権益を維持し、若しくは拡大する目的で行われるものの遂行を二人以上で計画し」となります。

要するに、①組織的犯罪集団の活動として、または組織的犯罪集団の不正権益を目的として、②二人以上の者が対象犯罪を計画し、③実行準備行為があった場合に、処罰の対象となるのです。

共謀罪自体の処罰の重さは次の二種類です。約三〇〇の対象犯罪は、長期四年以上の懲役・禁錮を含む法定刑の犯罪の中から選ばれていますが、そのうち、長期一〇年を超える懲役・禁錮を含む法定刑の重い犯罪の共謀罪は、五年以下の懲役または禁錮、その他の比較的軽い罪の共謀罪は、二年以下の懲役または禁錮で処罰することとなっています。

「組織的犯罪集団」の無限定

与党は、これまでに三度廃案になった共謀罪法案と、今般の法案とが異なるものであると主張しようとしています。その理由として、①対象を「組織的犯罪集団」に限定すること、②重大犯罪の「計画」を要件とすること、③「実行準備行為」を要件とすること、という三つの限定があるとしているのですが、どれも実は限定になっていません。

まず、法案における「組織的犯罪集団」は、事前の認定や指定がいらないばかりか、過去に違法行為をなした事実や継続的に存在していたことすらも要件としていません。集団であれば、ある時点からこれに該当すると判断されることになるのです。これは組織的犯罪処罰法についての最高裁判所の解釈です。すなわち、組織的詐欺罪を適用した二〇一五年九月一五日の最高裁決定によると、ある組織がもともとは詐欺罪を実行するための組織でなかったとしても、客観的に詐欺にあたる行為をすることを目的として成り立っている組織となれば同法に該当し、中に詐欺のことを知らないメンバーがいても関係ないとされます。もともと集団が形成された目的にかかわらず、組織的犯罪集団とみなされるのですから、どのような人でも対象内に入ってくる可能性があります。国会で参考人となった中央大学の井田良教授は「組織的犯罪集団」の範囲が厳格に限定されていると述べていましたが、井田教授の意見は「団体の設立時の目的が犯罪であること」と「団体の第一次的目的が犯罪であること」とを結集罪の要件とするドイツ刑法の考え方を参考にしたものとみられます。しかし、今回の法案にはそのような限定は全く書かれていません。オウム真理教で起こったような、団体の一部が性格を一変させた場合をも対象にしようとするのであれば、一般人も対象にならざるを得ないのです。

「計画」の無限定

次に、複数の人の合意によって重大犯罪の「計画」が立てられたことが必要だとされているのですが、法案の中にも、これまでの共犯処罰に関する最高裁判所の判例の中にも、合意の態様や方式には限定がみられません。目配せはもちろんのこと、ＬＩＮＥや電子メールなど、どのような方法でも該当するのです。

合意の認定が極めて広くなっている場面を三つ挙げてみましょう。第一に、「黙示の共謀」でも足りるとされることがあります。たとえば、けん銃の不法所持の事件で、暴力団の親分が遠出するときに、子分がけん銃を持って警護するということが過去に繰り返されていれば、親分は次の回に子分に明示的な指示を出さなくても、暗黙のうちに、けん銃不法所持罪を共謀して実現したとして処罰されます(最高裁判所二〇〇三年五月一日決定)。第二に、共謀は参加者全員が一度に集まって行う必要はありません。判例はたとえば、妻が夫の保険金殺人を計画し、実行を他の者に依頼して、その者から関与者が次々増えていった事案で、全員を一つの殺人罪の共同正犯としています(最高裁二〇〇四年三月二二日決定)。第三に、共謀は、対象となる犯罪が確実に実現するだろうという見込みをもってなされたことを必要とせず、「実現するかもしれないし、しないかもしれない」という程度の認識(専門用語で「未必《みひつ》の故意」といいます)があれば足りるのです。判例では、会社を経営していた者が、廃棄物の処理を下請け業者に依頼する際に、もしかしたら不法投棄が行われるかもしれない、という可能性を認識していた事案で、廃棄物処理法違反の罪につき「未必の故意による共謀共同正犯の責任を負う」としています（最高裁二〇〇七年一一月一四日決定）。この例では、明確な言葉による相談もありませんが、暗黙の共謀が認定されています。

「実行準備行為」の無限定

最後に、今までの日本法には存在しなかった「実行準備行為」という概念が、この共謀罪法案で初めて導入されようとしています。これは一部で「共謀罪の構成要件を限定するもの」と言われているのですが、実際には次の二つの理由で、処罰範囲の限定になっていないのです。

まず、第一章で見たように、これまでの最高裁判例は、ある行為を危険犯や予備罪として処罰するためには、それに値するだけの実質的な危険がなければならないという考え方に立ってきました。これは憲法三一条の「適正手続の保障」原則の解釈の一部でした。ところが、新しい「実行準備行為」は、そのような危険性を要件としていませんので、日常的な行為も限定なく該当します。法案は、「資金又は物品の手配」と「関係場所の下見」を例として挙げていますが、これらがそれ自体として危険のない行為であることは明らかです。その上、法案は例に引き続いて「その他の計画をした犯罪を実行するための準備行為」としていますから、どのような行為でも該当しうることになります。ある場所に行くことが、犯罪の準備行為なのか、散歩なのかの違いは、客観的には何もありません。両者の相違は内心の目的のみにあります。「共謀罪は人の内心を処罰するものだ」と批判されるのはこのためです。形式的には「実行準備行為」が条件ですから、内心そのものが処罰されるわけではありませんが、あらゆる行為が「実行準備行為」に該当するとなれば、実質は「目的」という内心の部分だけが処罰根拠であることになります。

限定したと見せかけて実は限定になっていないもう一つの理由は、「実行準備行為で構成要件を厳しくした」とされる点が無内容なことです。少し専門的ですが、犯罪の実体をなす要素の部分を「構成要件」と呼びます。これと別に、処罰範囲を限定するための、「客観的処罰条件」というものが定められる場合があります。日本法ではたとえば、飲酒運転はすべて犯罪とされているのですが、実際の処罰は、体内のアルコール濃度が一定数値に達した場合のみに制限されます。

今回の法案の文言は、「実行準備行為」を客観的処罰条件とする規定ぶりになっています。しかし、仮に「実行準備行為」を客観的処罰条件でなく構成要件の要素だとしても、両者の処罰範囲は全く同じです。これは飲酒運転の場合と異なります。飲酒運転では、もし、「アルコール濃度」を構成要件に含めてしまいますと、濃度を知らなければ故意犯で処罰できなくなってしまいます。そこで、酒を飲んで運転する故意があれば、濃度を「知らなかった」場合にも処罰できるようにするために、濃度は客観的処罰条件としたのです。

これに対し、共謀罪では、何らかの「実行準備行為」を誰かがする可能性を認識している場合でなければ、そもそも共謀自体が成立しません。その可能性を「知らなかった」というときは、「計画」の要件がすでに満たされないのです。そうすると、「知らなかった」場合も処罰するために「実行準備行為」を客観的処罰条件にする、という余地はないことになります。逆にいうと、処罰範囲を限定するために「実行準備行為」を構成要件に位置づけるとする余地もありません。

「実行準備行為」を構成要件と客観的処罰条件のどちらに位置づけようが、処罰範囲は同じです。

自民党のマニュアルの虚偽

このように、「組織的犯罪集団」「計画」「実行準備行為」のどれも処罰の限定になっていないのですが、与党は虚偽の説明によってこれらの点をごまかそうとしています。

二〇一七年三月三一日に自民党政務調査会が「党所属国会議員各位」に送付した「『テロ等準備罪』に関する資料」は、対象となる人の範囲について、「組織的犯罪集団に入っていない一般の方々が、処罰の対象になることはありません」としています。しかし、ある人が組織的犯罪集団に入っているかどうかは、その都度、捜査機関が判断するのですから、「入っていない一般の方々」が処罰対象にならないと言ってみても、意味をなしません。同じ資料には「一般のメールやSNS上のやり取りで処罰されることもありえません」とも書かれています。これも、「一般の」メールやSNSと、「一般のでない」メールやSNSとの区別が法案に書かれているわけではなく、それは捜査機関によって判断されるわけですから、ナンセンスだといえます。

同じ資料には、明らかに事実に反することも書かれています。「現行法では、テロ組織が水道水に毒物を混入することを計画し、実際に毒物を準備した場合であっても、この時点で処罰することができません」とあります。しかし、この例であれば、殺人予備罪も成立しますし、毒物劇物取締法違反の罪でも処罰できます。組織が行う場合なのでテロ資金提供処罰法にも該当します。毒でないものを毒だと勘違いして準備したような場合であれば別ですが、判例の考え方によれば、毒を毒だと知って準備すれば毒物の取扱いに関する犯罪が成立しますし、毒によって病人や乳児が死ぬかもしれないと考えていれば概括的な殺人の故意もあることになります。仮に、これまでは規制対象に入っていなかった新しい毒物が用いられるとしても、毒物の指定方法を変えれば足ります。三〇〇もの共謀罪を導入する理由にはなりません。

反対に、国連の文書で共謀罪立法が義務づけられていないことや、法案の中にテロに照準を合わせた条文が一つもないことは、この資料では触れられていません。

まとめ

今般の共謀罪法案は、その内容だけをとって見ても極めて問題の大きいものであることがわかりました。これを端的に指摘している、二〇一七年三月三一日の日本弁護士連合会の「いわゆる共謀罪の創設を含む組織的犯罪処罰法改正案の国会上程に対する会長声明」を見てみましょう。

「①テロリズム集団は組織的犯罪集団の例示として掲げられているに過ぎず、この例示が記載されたからといって、犯罪主体がテロ組織、暴力団等に限定されることになるものではない」。

「②準備行為について、計画に基づき行われるものに限定したとしても、準備行為自体は法益侵害への危険性を帯びる必要がないことに変わりなく、犯罪の成立を限定する機能を果たさない」。

「③対象となる犯罪が二七七に減じられたとしても、組織犯罪やテロ犯罪と無縁の犯罪が依然として対象とされている」。

改めて、法案の内容が無限定であることが確認できたのではないでしょうか。

第六章　治安を向上させず市民を圧迫

イスラム過激派のテロ計画は察知できない

共謀罪法案はテロ対策の内容を含んでいないのですが、それにもかかわらず、与党や一部マスコミの宣伝によって、テロ対策のために共謀罪立法が必要だと思わされている人々もいます。しかし、テロ対策の内容がないのですから、共謀罪立法を実現したとしても、テロ対策の効果が上がることは考えられません。実際問題として、次のような難点があります。

まず、そもそもの法案の建て付けが「テロ用」になっていませんので、テロと関係ない対象のほうを多く含んでいるばかりか、テロに典型的に含まれるものが対象から外れています。単独の犯人が行う、銃乱射や自動車・刃物を手段とする無差別殺傷、また、自爆テロは、複数人による共謀を含みませんから、どれほど重大な被害をもたらすものであっても、対象から外れています。現に、外国では単独犯の自爆テロが何件も起こっているのに、わざわざこれを対象に含まない「テロ対策」をうたうというのは、極めて不合理でしょう。

また、「国際組織犯罪防止条約を締結してオリンピックのためのテロ対策を強化する」というのであれば、そこで想定される「テロ」とは、暴力団の抗争などではなくて、主にイスラム過激派によるものだと考えられます。しかし、外国でテロ事件を起こしているイスラム過激派が使用している言語は、日本語ではありません。西アジアであればアラビア語、バングラデシュであればベンガル語、パキスタンではウルドゥー語が、標準的な使用言語でしょう。キルギス語という例もありました。こうした言語でテロの計画が立てられたとして、日本の捜査機関は事前に察知して摘発することができるのでしょうか。

確かに、日本の刑事手続でこれらの少数言語を用いた仕事のできる人材も、少しはいます。しかし、それらの人々はたいてい、通訳として、すでに検挙された容疑者や被告人を助ける立場で、取調べや裁判に立ち会うことが職務です。同じ人員に、共謀罪の捜査を担当してもらうわけにはいきません。そうすると、他の人材を確保しなければなりませんが、まだほとんど実現できていないのが現状でしょう。実際、英語や中国語などのメジャーな外国語であっても、それを使うことのできる捜査官は少ないでしょう。そうすると、民間にいる外国人を、秘密捜査協力者として雇うべきことになりそうですが、現在の日本では、制度上の問題がありすぎます。

イスラム過激派によるテロを防ぐには、安保法制を廃止して、「アメリカと一緒に武力行使を行う国であることをやめる」のが最も効果的です。

捜査権限の拡大が動機

もし、少数言語を使うことのできる捜査官が十分にいたとしても、テロの計画を事前に察知して摘発するには、捜査の端緒がなければなりません。すでに繰り返し述べましたように、武器や毒物が準備されたり、あるいはサイバーテロではウイルスが準備されたりすれば、危険な物や手段を規制している現行法の下ですでに犯罪が成立していますので、通常の捜査手段をすべて投入することができます。しかし、何も危険な物や手段が登場していない事前の計画の段階で、共謀罪を摘発するとしたら、どうすればよいのでしょうか。

方向性としては二つしかないのではないでしょうか。一つは、犯罪の計画を立てそうであると判断した人物を監視すること、もう一つは、十分な証拠がなくても摘発してしまうことです。

国会の議論では、金田勝年法務大臣が、共謀罪は将来通信傍受の対象になりうるとする趣旨を述べています。日本の通信傍受制度は、一九九九年の「犯罪捜査のための通信傍受に関する法律」によって導入され、二〇一六年の改正でその範囲を拡大しており、現在のところ、薬物関連犯罪、銃器関連犯罪、集団密航の罪、爆発物使用罪、殺人罪、傷害罪、放火罪、略取誘拐罪、逮捕監禁罪、詐欺・恐喝罪、窃盗・強盗罪、児童ポルノ関連犯罪が対象です。これは、罪名としては限定されるように見えますが、第二章で言及しました「共謀罪法案の提出に反対する刑事法研究者の声明」の呼びかけ人の一人でもある一橋大学の葛野尋之教授は、「窃盗に傷害、強盗、詐欺、恐喝をあわせると一般刑法犯認知件数の八〇%を超える」と指摘しています。主要な犯罪類型はすでに対象になっているということです。しかも、この改正によって対象が広げられる前の「二〇〇〇年から一五年までの運用においては、傍受した一〇万二三四二件のうち八二%が犯罪とは無関係な通話であった」そうです。

これが、さらなる法改正によって、約三〇〇もの新たな共謀罪にまで及ぼされたらどうなるでしょうか。何も危険な物や手段を扱っていなくても対象となるのですから、捜査機関としては非常に広く、ほぼ任意に、狙ったターゲットを監視できることになってしまうでしょう。しかも、共謀罪は準備段階にすぎませんから、より法定刑の重い後の段階の犯罪についてまで、通信傍受の対象を包括的に広げるのが制度として整合的だとすることになりかねません。

また、通信傍受のほかに、秘密捜査官の制度や、民間人を警察のスパイとして協力させる制度の導入も考えられます。日本では現在、国の麻薬取締官と地方の麻薬取締員が一定のおとり捜査の権限を与えられているのですが、これが拡大される可能性があります。何も危険な物や手段を扱っていない人の周囲にも、こうした捜査官やスパイが出没するようになるのです。

そこで、「共謀罪法案の提出に反対する刑事法研究者の声明」で、私たちは次のように懸念を表明しました。

「共謀罪」の新設は、共謀の疑いを理由とする早期からの捜査を可能にします。およそ犯罪とは考えられない行為までが捜査の対象とされ、人が集まって話しているだけで容疑者とされてしまうかもしれません。大分県警別府署違法盗撮事件のような、警察による捜査権限の行使の現状を見ると、共謀罪の新設による捜査権限の前倒しは、捜査の公正性に対するさらに強い懸念を生みます。これまで基本的に許されないと解されてきた、犯罪の実行に着手する前の逮捕・勾留、捜索・差押えなどの強制捜査が可能になるためです。とりわけ、通信傍受（盗聴）の対象犯罪が大幅に拡大された現在、共謀罪が新設されれば、両者が相まって、電子メールも含めた市民の日常的な通信がたやすく傍受されかねません。将来的に、共謀罪の摘発の必要性を名目とする会話盗

聴や身分秘匿捜査官の投入といった、歯止めのない捜査権限の拡大につながるおそれもあります。実行前の準備行為を犯罪化することには、捜査法の観点からも極めて慎重でなければなりません。

密告の奨励へ

また、秘密捜査官やスパイを投入しないまでも、二〇一六年の刑事訴訟法改正によって、「司法取引」の制度が導入されることが決まっています。もともと日本法の刑罰観の下では、刑罰の重さは公平性の観点によって決まるべきものですから、取引の対象にはならないと考えられてきました。個別の事件ごとに当事者の意向で刑罰を左右する司法取引の制度は、不公平さを助長することになりかねないからです。しかし、近年、複雑な事件で手続に時間のかかりすぎることの対策としてドイツが一種の司法取引の制度を導入したことを参考に、日本でも、捜査や裁判に当事者が協力する形態での協議・合意制度が設けられることとなったのです。もっとも、日本と違って、ドイツでは、検察官に起訴する事件としない事件とを選ぶ裁量権がなく、全部の事件を手続に載せることが原則になっているので、何らかの形でこれを緩和する制度が強く求められていました。そのような背景のない日本で、新しい制度が、刑罰の公平な性格を害することになってしまわないかは懸念されるところです。

ともかくも、日本の新しい制度には、他人の犯罪について情報を提供すると、自分は有利な扱いを受けられるとする内容も含まれています。対象になっている犯罪類型は、薬物犯罪、銃器犯罪や、詐欺罪などの経済犯罪で、今般の共謀罪法案の対象犯罪との間に重なりがあります。

さらに、共謀罪法案は、共謀罪について自首した者が、必ず刑の減軽か免除という「恩典」を受けられることとしています。

この制度ですと、自首した者が犯罪を行ったことを反省しているかどうかにかかわらず、捜査に協力すれば必ず有利な扱いを受けられるのですから、とにかく自分の利益を優先して行動する者が出てくることが予想されます。他人に罪をなすりつけようとする供述によって、真実発見を妨げる結果となってしまうことも懸念されています。犯罪の計画段階では、まだ危険な物や手段が出てきていないので、客観的な証拠を集めようとしても限度があります。虚偽自白による冤罪事件は、これまでにも何件も起きています。共謀罪の訴追は、関係者の供述に依存せざるをえない面が大きく、刑事司法を歪めるおそれがあります。今後、共謀罪が裁判員裁判の対象に含められる見込みはほぼゼロですから、市民が手続の正当性を監視してくれる望みもありません。

摘発対象は政治的立場と無関係

刑事法研究者の声明でも「大分県警別府署違法盗撮事件」が例として挙げられていますように、現行法の下でも、一定の範囲で捜査権限の濫用が発生していることは事実です。鹿児島の志布志事件のような大規模な冤罪事件も起きています。最近では、福島の被災地への反原発ツアーで、レンタカー代を「割り勘」にした埼玉県加須市の職員らが、白タクの無許可経営罪の疑いで逮捕されたという事件がありました。また、沖縄では、極めて軽微な違法行為の疑いで、強制捜査によって大幅な人権の制約が行われる事案が相次いでいることも報告されています。

共謀罪立法に反対していない人の中には、こうした捜査のターゲットになっているのは、反原発とか反基地といった特定の政治的主張を続けている人だけで、自分は関係ないと考えている人が多いことでしょう。しかし、現実には、第四章で紹介したクラブ一斉摘発のケースのように、特段の政治的活動をしていない多くの人が冤罪事件に巻き込まれたままになっている例もあるのです。女性タレントらによる線路立入りや、右翼団体の共同危険行為に対する処分の例も、特定の政治的立場の人だけが対象になっているわけではないことを示しています。

摘発の動機の一つが、犯罪の減少によって警察の仕事がなくなっていることにあるとすると、実績づくりのためには対象を選ばないとすることも十分に考えられます。

まとめ

結局、テロを含むさまざまな危険性には、現行法で対処できる一方で、まだ危険な物や手段の登場しない準備段階を共謀罪立法によって処罰しようとすると、問題ばかり生じることがわかります。すなわち、外国語の用いられるテロの計画は、事前に察知して摘発することが困難です。また、日本語であったとしても、まだ何も危険な物や手段が出てきていないのですから、共謀罪を実際に適用しようとすれば、通信傍受の拡大や秘密捜査官の投入によって広範な監視体制を開始するか、さもなくば、嫌疑が十分でなくても摘発するか、のいずれかしかありません。どちらに転んでも、危険なことを何もしていない市民生活に影響が及びます。

こうした点に鑑みれば、まさに、日本ペンクラブを始めとする表現者の団体が多数、共謀罪法案に反対の声を上げていることにも、納得できる理由があります。小説やマンガ、演劇、映画などの表現方法には、犯罪が登場するものも少なくないでしょう。ゲームの中にも、そのようなものがあります。複数の人がそのストーリーについて詳しく相談し、リアリティを高めるために調査活動を実施したら、その一部分だけを取って観察すると共謀罪に見えるかもしれません。私たち研究者の立場からしても、新しい物質や技術的手段の開発にグループで取り組んでいるときに、共謀罪の疑いをかけられたのでは、たまったものではありません。

最先端の研究・教育、また表現活動が萎縮しないようにするためには、憲法上の学問の自由や表現の自由を不当に制約し、またそのことによってひいては日本の産業活動にも悪影響を与える結果となる立法を、防がなければなりません。

第七章　国会運営の異常さ

「立憲デモクラシーの会」の反対声明

これまでは、共謀罪法案の出てきた背景や、その具体的内容、予想される効果について、問題点を指摘してきました。しかし、これにとどまらず、法案が扱われている国会の運営も、異常なものになっています。

二〇一七年三月一五日に、憲法学や政治学の専門家を中心とする「立憲デモクラシーの会」が「共謀罪法案に反対する声明」を公表しました。そこには、法案の内容や、立法事実が存在しない点などについての批判も含まれているのですが、とりわけ、国会審議についての次の指摘があります。

「同法案については、法務大臣の指示で法務省が、正式の法案提出を待って国会で議論すべきだ(つまり、それまでは議論すべきでない)との文書をマスコミ各社に配付した後、撤回・謝罪にいたるなど、政府による説明の内容のみならず、審議に向けた政府の姿勢にも疑問がある。立法の合理性・必要性に深い疑念の残る法案を十分な説明もないまま、数の力で無理やり押し通せば、日本の議会制民主主義に対する国民の信頼をますます損なうこととなろう。」

金田法務大臣は、文書配付について、撤回・謝罪してすむ問題ではないのではないかとする民進党の階猛議員からの質問に対し、「私のまあ頭脳というんでしょうか、ちょっと対応できなくて申し訳ありません」と述べて回答を拒否しています。法案の内容についても答弁拒否が繰り返され、野党によれば拒否された項目は数十にも上ります。その中には、法案提出前であっても、従来の確定判例などから答えの明らかなものが多数ありました。たとえば、「LINEや目配せでも合意が成立するか」、「毒入りカレーで殺人を行う目的でカレーを作る行為は実行準備行為に該当するか」。どちらも、法案提出前から答えは当然イエスです。前者は共犯の成立に関する確定判例の考え方だからです。後者は、諸外国の共謀罪における「顕示行為」が一般にこのような行為を含めており、かつ、予備罪のような実質的な危険性を要求しないことを与党自身が繰り返し強調してきたからです。

「成案を得てから」という答弁は時間稼ぎにほかなりません。最終案が確定していなくても、どの点がどのような理由で検討中なのかは回答できるはずだからです。

法案審議の手続

国会での審議は、先に提出された法案について先に行うのがルールですが、今回はそれも無視されているようです。犯罪対策の法案としては、性犯罪への対策を強化する刑法改正案が、二〇一七年三月七日に提出されていました。この法案は二〇一五年一〇月九日に出された諮問を受けて、法制審議会が二〇一六年九月一二日に出した答申に基づいて作成されたものです。その主な内容には、今まで処罰できなかった、一三歳から一七歳までの児童に対する家庭内などでの性的虐待を処罰することや、男性を被害者とする強姦罪を認めることなどの、重要な点が含まれています。性的虐待により男児の受ける被害は、女児の強姦の場合に決して劣りません。日本では、怨恨の念から被害者が加害者を殺害する事件に発展してしまった例もあるほどです(山形一家殺傷事件)。細かい点については争いも残っていますが、いずれにしても、立法の必要な領域として、私たち刑事法研究者や法律実務家が長年議論してきた問題に対応するものです。

これに対し、共謀罪立法のほうには、対処すべき必要性を示す立法事実が存在しません。また立法を行っても治安の向上に貢献しません。しかも、法制審議会は最初に提出された共謀罪法案について開催されただけで、その後は諮問を受けていませんし、今般の法案は内容が明らかにされてから三週間ほどで提出され、専門家の意見を聞くそれ以外の公的な手続もとられていませんでした。なぜこれほどまでに、テロ対策にもオリンピックにも役立たない法案の可決を急ぐのでしょうか。何らかの利権がはたらいているのでしょうか。

第四章で、犯罪の件数が激減して警察の仕事が減っていることを述べました。しかし、性犯罪対策の強化も、ある程度、警察の任務を拡大するものです。共謀罪法案のほうをこれほどまでに急いで可決しようとしている理由が、警察の仕事を増やすためだけだとは考えにくいです。

自由党の山本太郎議員や「立憲デモクラシーの会」の西谷修立教大学特任教授は、市民集会で、国有地不正払下げにかかる森友学園問題に関し、安倍首相が国会で「私も妻も一切この認可にも、あるいは、この国有地の払下げにも関係ない。私や妻が関係していたということになれば、間違いなく総理大臣も国会議員も辞めるということははっきりと申し上げておきたい」とはっきり述べていたにもかかわらず、昭恵夫人の関与が明らかになった後も国会議員を辞職していないことから、この点の追及をかわすために共謀罪法案の審議を急いでいるのではないか、と指摘しています。

スノーデン氏の警告

与党にどのような事情があるのかは不明ですが、背景について情報を発信しようとしていた人がいます。アメリカ国家安全保障局（ＮＳＡ）や中央情報局（ＣＩＡ）の元職員で、現在ロシアに亡命しているとされる、エドワード・スノーデン氏です。スノーデン氏は、米国が世界中のインターネットユーザーの個人情報を収集していたことや、日本を含む諸外国の公的機関および私企業・私人宅の盗聴を行ってきたこと、また米国の機密文書を二〇一三年に公表し、米国の行為を告発しました。

彼は二〇〇九年から東京に住んでいたこともあり、日本の状況についても、インターネットを通じ、東京大学での講演会や日本のジャーナリストによるインタビューなどで直接発言しています。それによると、特定秘密保護法をデザインしたのは米国であり、「テロ」は口実であって、米国の監視体制は米国への協力者や無関係な人々まで対象にしているといいます。二〇一七年四月一日のＴＢＳの番組『報道特集』でも放映されましたが、詳しくは、小笠原みどり氏によるインターネットの記事「スノーデンの警告『僕は日本のみなさんを本気で心配しています』」(現代ビジネス、二〇一六年八月二二日)をご覧ください。また、スノーデン氏の報告を基に製作された映画『スノーデン』が、日本でも二〇一七年一月二七日から公開され、上映館は少ないものの各地で上映されました。日本語の書籍も出版されてきています。

実際に日本で情報収集活動にあたっていた人がこのように述べている過去の経緯からしますと、共謀罪立法についても、特定秘密保護法や安保法制の場合と同じく、米国の求めに応じているものである可能性が否定できません。確かに、米国の諜報機関には日本語の使える職員が足りませんので、日本の警察に集めさせた情報を入手するのが効率的です。

日本政府の態度変更の理由

日本弁護士連合会共謀罪法案対策本部の海渡雄一弁護士によりますと、日本政府は、二〇〇〇年に採択された国連国際組織犯罪防止条約について、交渉過程では、共謀罪ではなく、ヨーロッパ大陸法の伝統のある他の多くの国々と同様に、参加罪(結集罪)のオプションを提案していました。ところが、二〇〇〇年二月一五日に、ウィーン国際機関日本政府代表部の阿部信泰大使(当時)から外相宛てに発信された公電の表題に、「国際組織犯罪条約アドホック委員会第七回会合(非公式会合:本体条約に関する審議概要)」という非公式会合の開かれたことが示されています。非公式会合は、米国およびカナダとの間で行われました。そして、この会合以降に、政府の態度が一変し、「共謀罪を設けないと条約の批准ができない」とするようになったというのです。問題の公電は、表題はわかっているのですが、その内容については、共謀罪に関する過去の国会審議で何度も開示要求があったにもかかわらず、明らかにされていないといいます。

海渡弁護士は、この非公式会合で、もともと共謀罪を備える米国から何らかの要求があった可能性がある、と指摘しています。ただ、もしも、米国から要求があったのだとしても、それは「米国に共謀罪処罰制度があるからそれに合わせてほしい」ということではないかもしれません。諸外国の例を見ますと、参加罪型の立法における処罰範囲は狭く限定されているものが多いです。共謀罪のほうが、捜査情報をより広範に収集できる場合が多いと考えられることが背景にあったように思われます。

まとめ

政府・与党が、答えの明らかな質問に対してまで回答を拒み、重要法案の審議をルールに反して先送りにし、立法事実のない法改正を急いでいる理由には、謎が多いことは確かです。

しかし、それと同時に確かなことは、共謀罪立法の成立が、警察の権限を拡大し、不正疑惑から国民の目をそらし、米国の世界戦略を利する効果を有することです。

日本国憲法が本来予定している民主主義的な国会運営は、情報操作によっても妨げられています。国連は広報センターの日本語版ウェブサイトの「日本：国連の人権専門家、報道の独立性に対する重大な脅威を警告」と題する二〇一六年四月一九日の記事において、「『意見及び表現の自由』の調査を担当する国連特別報告者ディビッド・ケイ氏が火曜日(四月一九日)、日本政府に対し、メディアの独立性保護と国民の知る権利促進のための対策を緊急に講じるよう要請しました」としています。カリフォルニア大学アーワイン校の教授であるケイ氏は報告の中で、日本の多くのジャーナリストが「有力政治家からの間接的な圧力によって、仕事から外され、沈黙を強いられたと訴えています」と述べています。

哲学者の内田樹氏は二〇一七年四月四日にツイッターで次のように述べています。

「安倍内閣の閣僚たちの質の悪さは日本政党政治史上最低ではないでしょうか。これを『他に人がいないから』という理由で支持している人たち(有権者の三〇％以上)は他の政党の議員たちは総じて『これ以下』だと判断しているわけですが、その根拠は何なのでしょう。」

ケイ教授の指摘から見ると、根拠がなくても、情報操作によってそのような数値の出ていることが疑われます。実際、私自身も、審議会での意見表明に関して、大手の新聞に虚偽の記事を複数回書かれたことがありますし、所属する京都大学で教職員によって実施している総長選挙について複数の全国紙に虚偽の情報が掲載されたことも経験しています。どのような経緯でそのようになったかは正確にはわかりませんが、前者は経団連(日本経済団体連合会)の関係者、後者は政府の大学政策の関係者と、特定の記者との間の直接または間接のつながりを推測させるものでした。これらの全国紙の中には、世間で「右寄り」と見られているものも「左寄り」と見られているものも含まれます。

おわりに

本書の内容を振り返ってみますと、まず、第一章では、英米法で発展してきた「共謀罪」処罰法制の概略と、それが日本の伝統的な犯罪対策に合わないものであることを確認しました。第二章では、国連国際組織犯罪防止条約も英米流の共謀罪立法を必須としてはいないことと、今般の共謀罪法案における対象犯罪の選別の仕方が条約の趣旨にも反していることを指摘しました。第三章では、日本で従来オリンピック招致と共謀罪立法とが結び付けて議論されたことはなく、この話がごく最近になって出てきた口実であることを示しました。第四章では、国連条約がテロ対策ではなくマフィア対策を内容とするものであって、今般の共謀罪法案にもテロのための条文が一つもないことと、テロ対策諸条約・決議への国内法による対応は完了していて「穴」はないことを説明しました。第五章では、今般の共謀罪法案が無限定であって、「テロ等準備罪」の名称を掲げていてもその実体をもたないことと、与党の出している説明資料に虚偽の情報が複数含まれていることとを指摘しました。第六章では、共謀罪立法が実際にはテロ防止や治安の向上に役に立たず、すでに起こっている冤罪事件などの人権侵害を助長するだけのものであると説明しました。最後に第七章では、共謀罪立法が強行されようとしている背景には数々の疑いがあることを述べました。

これでもまだ共謀罪法案を支持する人は、テロ対策の穴が具体的にどこにあるのか、そのために約三〇〇もの共謀罪処罰を導入する必要があるのか、共謀罪処罰によってイスラム過激派によるテロを防止できるのか、犯罪の計画を立てていない者が捜査対象として巻き込まれない保障があるのか、国連の公式文書が義務ではないと明言し諸外国も行っていない広範な共謀罪立法が必要なのか、といった、本書で提起した問題に答えてみてはいかがでしょうか。

たとえば、殺人の目的で凶器や薬品などを準備すれば、殺人予備罪が成立します。殺意がなくても、爆発物取締罰則、ハイジャック防止法、テロ資金提供処罰法、原子炉規制法、化学兵器禁止法、細菌・毒素兵器禁止法、サリン法、毒物劇物取締法、銃刀法、特定秘密保護法、詐欺罪、建造物侵入罪、凶器準備集合罪、ウイルス作成罪、電磁的記録不正作出未遂罪、電子計算機損壊等業務妨害未遂罪、偽計業務妨害罪、ドローン無許可飛行罪などの現行法が、広い処罰範囲を提供しています。これらで処罰できないテロ準備行為には、どのようなものがあるでしょうか。殺意も危険物の扱いもない準備行為となれば、捜査機関はそれらがテロ準備行為であることをどのように察知できるのでしょうか。

個人の行動が監視されれば、権力側はこれを自己の都合の良いように利用できます。どんな人でも、情報操作を受ければ、正しい判断や行動が不可能になります。気付かないうちに、本来の自由を享受できなくなる方向に誘導され、人権や民主主義は根幹から失われるでしょう。

実際には、警察が果たすべき任務は大量にあります。児童虐待への対応も急がれますが、国会記録の改ざん・ねつ造や汚職などが放置されているのは、国家機関の構造的腐敗を示すものであって、日本の国際的信用を損なっています。たとえば、共謀罪法案で対象犯罪から外れている、民間団体における汚職は、日本で全く訴追されておらず、外国の捜査機関が日本人・日本企業の行為を対象とするに至っているのが現状です。真の国益とは、国に住む人々が安全で幸福に暮らせることにほかなりません。安全に貢献せず、権利や自由を制限するだけの立法はこれに反します。私たちは市民として何をすべきなのか、つねに自らに問いかけ、社会的責任を自覚することが必要だと思います。

〈参考〉

組織的な犯罪の処罰及び犯罪収益の規制等に関する法律等の一部を改正する法律案（法務省）
http://www.moj.go.jp/keiji1/keiji12_00142.html

国際的な組織犯罪の防止に関する国際連合条約（外務省）
http://www.mofa.go.jp/mofaj/gaiko/treaty/treaty156_7.html

Legislative Guide for the United Nations Convention against Transnational Organized Crime and the Protocols there to（国連薬物・犯罪事務所）
https://www.unodc.org/unodc/en/treaties/CTOC/legislative-guide.html

髙山佳奈子
京都大学法科大学院教授．東京大学法学部卒．成城大学法学部助教授，京都大学大学院法学研究科助教授を経て，現職．専門は刑法の基礎理論，経済刑法，国際刑法．著書に，『故意と違法性の意識』(有斐閣)，『たのしい刑法 第2版』『たのしい刑法II 各論』(共著，弘文堂)など．

共謀罪の何が問題か　　岩波ブックレット 966

2017年5月19日　第1刷発行
2017年9月15日　第6刷発行

著　者　髙山佳奈子《たかやまかなこ》

発行者　岡本 厚

発行所　株式会社 岩波書店
〒101-8002 東京都千代田区一ツ橋 2-5-5
電話案内 03-5210-4000　営業部 03-5210-4111
ブックレット編集部 03-5210-4069
http://www.iwanami.co.jp/hensyu/booklet/

印刷・製本　法令印刷　　装丁　副田高行　　表紙イラスト　藤原ヒロコ

ISBN 978-4-00-270966-6　　Printed in Japan

「岩波ブックレット」刊行のことば

今日、われわれをとりまく状況は急激な変化を重ね、しかも時代の潮流は決して良い方向にむかおうとはしていません。今世紀を生き抜いてきた中・高年の人々にとって、次の時代をになう若い人々にとって、また、これから生まれてくる子どもたちにとって、現代社会の基本的問題は、日常の生活と深くかかわり、同時に、人類が生存する地球社会そのものの命運を決定しかねない要因をはらんでいます。

十五世紀中葉に発明された近代印刷術は、それ以後の歴史を通じて「活字」が持つ力を最大限に発揮してきました。人々は「活字」によって文化を共有し、とりわけ変革期にあっては、「活字」は一つの社会的力となって、情報を伝達し、人々の主張を社会共通のものとし、各時代の思想形成に大きな役割を果してきました。

現在、われわれは多種多様な情報を享受しています。しかし、それにもかかわらず、文明の危機的様相は深まり、「活字」が歴史的に果してきた本来の機能もまた衰弱しています。今、われわれは「出版」を業とする立場に立って、今日の課題に対処し、「活字」が持つ力の原点にたちかえって、この小冊子のシリーズ「岩波ブックレット」を刊行します。

長期化した経済不況と市民生活、教育の場の荒廃と理念の喪失、核兵器の異常な発達の前に人類が迫られている新たな選択、文明の進展にともなって見なおされるべき自然と人間の関係、積極的な未来への展望等々、現代人が当面する課題は数多く存在します。正確な情報とその分析、明確な主張を端的に伝え、解決のための見通しを読者と共に持ち、歴史の正しい方向づけをはかることを、このシリーズは基本の目的とします。

読者の皆様が、市民として、学生として、またグループで、この小冊子を活用されるように、願ってやみません。（一九八二年四月　創刊にあたって）

9784002709666

1920336005809

ISBN978-4-00-270966-6

C0336 ¥580E

定価(本体580円 +税)

犯罪を計画段階で処罰する「共謀罪」。危険性を指摘され、国会で三度廃案になった法案が装いを変え、「テロ等準備罪」の呼び名で新設されようとしている。しかし、この立法は犯罪対策にとって不要であるばかりでなく、市民生活に重大な制約をもたらすものだ。第一線で活躍する刑事法の研究者が数々の問題点・矛盾点を指摘する。

岩波書店